China Study Abroad

中国留学内幕

秋野玉茜　马治宇　编著

教育圈才女秋野玉茜继

《放养的女孩上哈佛》《留学正能量》后的又一力作

中国人民大学出版社

· 北京 ·

图书在版编目(CIP)数据

中国留学内幕 / 秋野玉茜等编著. —北京：中国人民大学出版社，2015.8

ISBN 978-7-300-21666-9

Ⅰ. ①中… Ⅱ. ①秋… Ⅲ. ①留学教育-研究-中国 Ⅳ. ①G648.9

中国版本图书馆CIP数据核字(2015)第163261号

中国留学内幕

秋野玉茜 马治宇 编著

Zhongguo Liuxue Neimu

出版发行	中国人民大学出版社		
社　　址	北京中关村大街31号	**邮政编码**	100080
电　　话	010-62511242(总编室)		010-62511770(质管部)
	010-82501766(邮购部)		010-62514148(门市部)
	010-62515195(发行公司)		010-62515275(盗版举报)
网　　址	http://www.crup.com.cn		
经　　销	新华书店		
印　　刷	唐山玺诚印务有限公司		
开　　本	787mm × 1092mm　1/16	**版　　次**	2015年10月第1版
印　　张	9.5	**印　　次**	2024年4月第3次印刷
字　　数	207 000	**定　　价**	19.80元

序

首先我要对秋野玉茜女士《中国留学内幕》一书的顺利出版表示衷心的祝贺。作为一名从事教育事业几十年的“老咸肉”，我亲自见证了自建国以来中国教育、中国大学生、中国大学生就业等领域的历史变迁。可以这么说，当前中国教育展现的形势，是一个不断高涨的、最富有生机与活力的大好形势。全党全社会到普通家庭都重视教育、建设教育、加强教育。在这样的大好形势下，全民总动员怎么会干不好教育呢？对于这一点我有足够的信心。

同时我们也应该看到，国家的发展经过了资源驱动和投资驱动等不同的发展阶段，目前已经发展到了一个瓶颈期，要加快发展，必须依靠创新驱动。“要建立成一个创新型的国家，我们才有希望发展。”也正是在这个意义上，李克强总理提出大众创业万众创新。

教育本身就是一个不断互相学习的过程，“流水之为物也，不盈科不行；君子之志于道也，不成章不达。”是说在学习上，一方面，我们立志要高远，胸襟要开阔，广泛吸收和学习；另一方面，基础要扎实，要循序渐进，逐步通达。中国有着博大精深的传统文化，在当前的形势下，加强国际间的交流学习，对于国家培养创新型人才有着重要的意义。玉茜女士的《中国留学内幕》以一个“过来人”的身份为广大学生、家长以及教育工作者剖析中国留学行业的种种现象，鉴于她自身的经历，《中国留学内幕》一书的可参考价值是非常大的。

这本书还详细分析了当今国际上知名大学的申请流程以及关注点，从对各国知名大学情况的分析，我们可以取其精华，弃其糟粕，吸收各国优点，反省我们自身的不足，这对中国的教育工作者无疑有着督促作用。

最后我要再次对秋野玉茜女士《中国留学内幕》一书的出版表示祝贺。对她所付出的辛勤工作表示尊重，同时也希望今后能够看到她更多的作品。“学而不思则罔”，希望广大的读者、学生、教育工作者能够从此书中获得知识，并不断思索和创新。

推荐序

跟玉茜合作过两本书，一本是《留学正能量》，这本《中国留学内幕》是第二本书。《留学正能量》主要针对普通留学生，以英联邦国家为切入点，赴美留学亦可以从中找到留学所需要具备的情怀。对于大多数人来说，留学的目的是感受跨国教育，积累在未来“地球村”环境下的学习、工作和生活经验。而这本《中国留学内幕》则侧重留学办理。以高端留学为切入点，讲述如何展示自己的才华，早日迈入名校。虽然是以美国、英国名校为例，但从中我们依然可以看到各国名校对于精英的基本概念。

现在的留学跟以前的留学有了很大的不同。我们需要感谢我们所处的时代，是时代和社会的发展让我们能用自信和从容去感受跨国教育，同时使我们有机会一生享受世界教育的精华。

留学，不仅仅是为了文凭，15 岁去，不早，50 岁去，不晚。古人言朝闻夕死，在我们生命中的每一天，努力都是值得骄傲的。

当然，我们都希望跟努力的合作伙伴合作。那么，选什么样的留学中介，也就相当重要。所以本书的第一章重点介绍了留学行业规则，是所有留学生的必读内容。

在留学行业，目前有一个非常重要的名词叫“背景提升”。这个提升，其实是一种方向上的指导，希望留学生有针对性地做好留学准备。从本书第二章所讲述的精英背景提升案例中不难发现，有的放矢的提升准备，不仅仅是为了迈入名校，也是培养孩子融入社会的一种方式。

在美国、英国等国的高校中，招生官是一种职业。招生官的上岗也需要专业培训。通过培训，他们可以准确地判断学生目前的总体状况以及未来的发展潜力。名校当然希望招收目前优秀且未来更优秀的学生。即使不想迈入名校，依然有必要知道自己与名校的差距，也是把握自己未来的一种方式。在第三章，通过访谈的形式讲述美国常春藤名校招生官揭秘录取规则，第五章讲述了采访英国 TOP 5 名校招生官的相关内容。字里行间，我们能够感受到人才选拔的一些基本理念。

在留学申请过程中，文书是展示自我的最重要的材料。好的文书，文辞优美、逻辑严谨、目的明确。欣赏第四章所列出的常春藤名校全套申请文书集锦，有助于自身的文书撰写，以及在留学期间完成作业、报告，毕业后用英文求职、工作后用英文撰写招标书等。良好的英文和深入的解析，值得每个人仔细赏读。

秋野玉茜是留学行业资深人士，自己经办过大批名校学生申请，现任中国中小企业家协会副秘书长。她不仅熟悉国内企业情况，而且在跟国外交流的过程中，也熟悉企业人才培养的基本要求。马治宇是她多年的合作伙伴，在留学申请过程中对于最新政策有准确把握。希望本书能够帮助更多的人了解留学，并实现自己的留学梦想。

吕蕾微信公众号
lvlei1973

吕蕾微博
http://weibo.com/lvlei1973

吕蕾抖音号
wonderfullei

吕蕾小红书号
wonderfullei

吕蕾

目　录

第一章　资深人士深度揭秘行业规则，留学必读

第二章　背景提升，开启留学 DIY 时代的必备利器

第三章 美国常春藤名校招生官揭秘录取规则

第四章 常春藤名校全套申请文书集锦

第五章 英国 TOP5 名校招生官揭秘录取规则

第一章

资深人士深度揭秘行业规则，留学必读

01 写在前面的话

有些人，多年不见，还是老样子，刷他的微博、微信朋友圈可以看出他们几乎不会有太大的变化，我们称之为“没有惊喜的人”；相反另一些人，几乎每隔一段时间，你就能感觉到他们身上的明显变化，嗅到新鲜的生命力气息。他们是变化的，是带给这个世界惊喜的人。大多数出于强烈的自我意愿留学的人都属于后者，即那些“带给这个世界惊喜”的人，惊喜是给世界的，同时也是给自己的。无关乎世俗意义上的失败或者成功，惊喜来自于“尝鲜”精神本身。举杯！敬勇敢者！

如果我们称留学为一场“勇敢者的游戏”，这一点都不会过分。照此推理，留学公司似乎应该扮演的是确保主人公安全的角色，类似于坐过山车必须绑着的安全带，但是很遗憾，现实生活中，这个安全带并不总是那么牢固，特别是当过山车已在高速行驶中时，你才发现安全带是松的，这是不是有点儿太令人毛骨悚然了，阅读本书可以解决的第一个问题，就是“如何挑选安全带”。

我想我在这个问题上是拥有一定发言权的，2007 年入行，而今走过近 10 个年头，亲身经历了中国规模最大的留学公司的变迁，联合发起中国首家高端留学工作室，在首批获得教育部批准的拥有留学资质的、有近 20 年经营历史的公司中出任总经理，和满怀创业激情的小伙伴共同经历创业型留学公司的风雨飘摇，乃至而今加盟到“不做留学申请，只做留学背景提升”的公司。而这其中，我个人的身份也经历了由一线顾问、中层管理人员、总经理、高级合伙人乃至到股东的转变。我曾出访剑桥大学，与英国 TOP10 大学和美国常春藤招生官、校长共同发布行业白皮书，即《英国 TOP10 名校入读潜规则》和《美国常春藤名校入读潜规则》；出版过两本行业畅销书《放养的女孩上哈佛》和《留学正能量》。我无数次被教育媒体推上风口浪尖，也一手策划了许多国际教育圈的头条新闻，在留学领袖人物包装打造的这条道路上一度可以说是独领风骚……

所以通过我个人的职业变迁，无疑可以从一个侧面折射出留学行业的内在肌理，比如：

中国大规模的留学公司、初创的留学工作室、中型留学公司分别是如何运作的？获取客户的常规手段都有哪些？那些听上去很美的言语里到底有几分真情，几分假意？出了纠纷，怎样的沟通方式会更有效？行业监管真能制约留学公司吗？又比如：我们看到的留学榜样人物都是怎样被包装出来的？那些名师的考前预测有用吗？多参加课外活动，真的能更多地获得欧美名校的青睐吗？到底哪些活动才是被名校承认的，而哪些只是瞎耽误工夫？英语培训机构说保分，那怎么还有那么多学生考不上，到底是哪个环节出了问题？……全书通过对我个人职业生涯的一个回顾，真实而又全面地展开中国留学业的行业地图。

相比华尔街投行、香港金融机构等名校毕业生趋之若鹜的高大上的行业，留学行业实在是一个太特殊的行业。第一，没有一所大学开设“留学咨询”专业，也就是说没有一所大学是为这个行业专门培养人才的。第二，几乎没有哪个学生是抱着我回国后要“从事留学咨询行业”这一目标而出国留学的。第三，但是在这个过程中你会惊奇地发现，在准备出国留学的过程中，不论是学生还是家长都拿出了前所未有的热忱投入到“留学咨询”的学习中来，使得人们有了一种正在研究一门高深学科的错觉。

传课网，一度被称为史上最大的在线教育平台，目前已被百度收入囊中，在传课网尚未被百度收编之前，我曾在传课网上开设自己主讲的留学指导课程。同时这门课程也是传课网当时收听人数最多的在线留学指导课程。课程越是讲到后期，我就越发感觉吃力，因为我真觉得没什么新鲜东西可讲了。可悲的是，同学们依旧反映“老师，您讲得太棒了！下节课我要拉我的同学过来听”。我从讲课的第一天就给同学们讲，“你们不必在我的课程上花费太长时间，除非你想做专业的留学咨询老师。出国留学固然是人生中重要的一件事，但是你也不必把每一所学校的情况都倒背如流，毕竟你最终会去的只会是那唯一的一所最适合你的学校。你的初衷不是要做留学咨询老师，更加不是做留学辞典或活体留学百度百科什么的。”

在本书的编写过程中，包娜、张丽芳、田娜、范子昂、胡诚、刘强、胡婕、刘红梅参与了资料的收集和部分编写工作，在此一并感谢。

02 专业选择，母女两代人的PK

现实生活中，并不是每一位出国留学的孩子都是出于“自愿”，许多时候是家长强加给孩子的意志。类似的情况并不少见。在当今中国，社会转型提供了一个场域，这是一个经济发展至上、社会压力无限放大的精神场域。在这样的场域中，形成了过于追求分数、成功的成长环境。只是为了“不输”，大多数父母使出浑身解数，然而讽刺的是，现实生活中，父母们往往不自觉地做那个亲手扼杀孩子自由灵魂的杀手。一直以来都有不少父母前来向我取经，我想说的是：尊重孩子，真正意义上的尊重孩子，不是嘴上说说就算了的那种。很多中国家长根本搞不懂什么叫尊重孩子。

高考刚过，一位朋友带孩子来咨询我去美国读书的事情。说一个题外话，如果当真想让孩子出国念书，怎么会等到高考成绩已经快出来了才上心？这明显已经错过了最佳的申请时机。朋友：“你快问问老师，大学学什么专业好？”然后比较有趣的是，孩子的妈妈根本没有留给孩子任何说话的机会，不断地咨询我医药学专业、建筑学专业的就业前景。我跟朋友聊了一会儿，我忍不住说：“还是听听孩子的意见吧。”因为给孩子做职业规划，最好是清楚孩子自己想要的，而不是“家长希望孩子要的”。

孩子小心谨慎地说话，起初询问的不过就是母亲刚刚问过的医药学和建筑学之类的（期间我多次示意妈妈不要打断孩子，让她继续说，表达自己的意见）。孩子讲话的语气是非常平缓的，甚至可以说是“有失生趣”的（尽管我知道这也许并非是孩子自己的意愿，但我还是很认真地听着，并给出自己的意见）。我还是比较喜欢这孩子的，因为很快她就问我，“我喜欢画画，有没有跟这个相近的专业？”（说这句话的时候孩子的眼睛是放亮的，我知道此时她是开心的，语调也欢快多了。）谁知孩子刚一开口，母亲就表示了反对意见，而且语气显得过于急躁：“她就是那么不切实际，画画能当饭吃吗？现在就业形势多么严峻啊，还是容易就业的专业比较好。”

那些勇于坚持自己梦想的年轻人，往往也能获得财富上的巨大成功。我想求学恐怕不应该只为文凭。“去找份谋生的工作”和“实现心中的理想”，这中间有很大的差异。并且我从不认为坚持内心的理想和当下吃饱饭有任何的冲突。当全球的年轻人都在世界各地穿梭，把整个地球当做自己的舞台，当过去的人类留下遥远的足迹，跋山涉水到地球的每个角落，当我们的航天员已经漫步太空，探索别的星球的时候，我们还能把孩子放在只知考试和升学的小框框里吗？孩子读什么专业，不一定将来就业也是同一个专业；可能是相近的，也有可能是完全不搭边儿的。目前读什么专业和未来找什么工作，两者之间一定不是“谁决定谁”的关系。

什么专业比较好找工作，什么工作薪水高福利待遇好，可能也不是我们表面上看到的那样。但是如果有一份自己喜爱的事业，那么不论外部的大环境如何转变，内心那份对工作的热情还是在的，这就是最难得的。针对我那位朋友的孩子，我最后推荐了一个计算机相关专业，跟绘图相关，孩子喜欢，父母也觉得就业前景不错，算是皆大欢喜的结局。

前文提到的孩子是比较听话的，如果遇到个性倔强的孩子，说不定会逐渐与父母产生隔阂。很多卓越的成功人士，叱咤政坛商场，人生无比辉煌，但往往在面对自己孩子的时候竟然显出空前的无奈。此类留学案例中，父母替孩子选定的往往是类似于金融专业等容易就业的学科，当然这个容易就业不乏“社会关系网”的成分，即“一毕业就把你安排到哪里”的提前规划。但是他们的子女选择的往往却是诸如市场营销、设计、艺术等等在家长看来不靠谱的专业。这不是个别案例，相反这是频发案例。

03 出来混迟早是要还的！

上述情况屡屡发生，因为不是个别案例，所以这种现象的成因就很值得我们去追溯。只有追溯到了成因，才能对症下药，有时候甚至是采取“非常手段”。不要以为留学咨询仅仅是提交学生申请资料。这份工作并不轻松，因为在这之中我还需要扮演心理医生的角色化解家庭矛盾，或者更确切地说，是用我的专业知识在激烈的矛盾冲突中找到家长和孩子双方都能够满意的平衡点。

或许孩子有时候表现出的“倔强”，仅仅是为了向父母示威。也许孩子潜意识里只是想表达：请您尊重我。只不过在交流中，孩子采取了“不听话”的做法作为自己的表达方式。中国有很多孩子一直在补习功课，五六种科目同时补。有些父母给孩子安排补习，是因为孩子功课差；有些父母是因为自己当年没有机会学习某种特长，而今希望自己的孩子学以弥补自己的遗憾。其实是父母自己的意愿，而不是儿女真正喜欢的。各种补习把孩子的时间塞得满满的，以至于孩子没有任何机会显示出自己真正的能力和潜力。

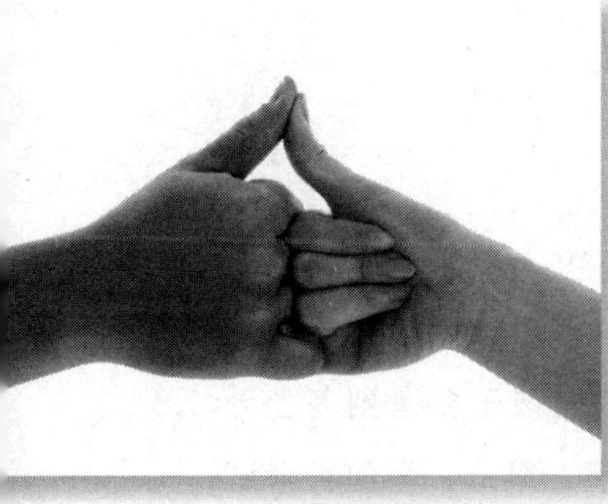

很多被硬逼着学这学那的孩子，长大后的表现反而比较平庸。为什么呢？因为他忙着应付父母的期望，根本没有空闲去发掘自己真正的兴趣。不要整天带着孩子奔赴各种补习班了。孩子太可怜了，一点儿自己的时间都没有。但这并不就是说，孩子是可以放纵的，放养和放纵还是有区别的。中国的孩子面临的外部竞争压力大，作为父母，是否可以给孩子稚嫩的心灵留一点空间呢？

尽管中国的一些学生可以在标准化考试中取得优异成绩，但其创造力一向被证明是低于西方学生的，对此人们总是从文化差异上找原因，如中国人重传统、讲服从，西方人重个性、讲自由；中国人学习多背书、少提问，西方人学习多提问、少背诵等。那么，这些文化因素是否已经潜移默化地影响了中国孩子创造力的发展呢？如果外部的大环境是重视基础知识教育和基础技能培养（这有它的好处），那么当孩子回到家中时，家长就应该营造出一个“更有益于培养创造力”的较宽松的家庭教育环境——重个性、讲自由、讲尊重、讲平等。孩子比我们更擅长规划自己的未来和安排自己的生活。如果给孩子做太多的规划，只会妨碍她/他潜力的发挥。

许多中国父母认为，他们的孩子如果没有首先获得“正规的学业文凭”，要成为有成就的人是非常困难的。但事实上，很多名校的毕业生在职业道路选择上茫然无措。对于按照传统方式严格要求孩子的父母而言，他们都应该知道这些事实：很多白手起家的千万富翁说他们在校时并不是优等生。许多人在传统的文凭考试中根本没有得到高分，他们的老师也不认为他们能在未来获得成功。80%以上的有钱人根本就没有修过大学高级课程。非常不客气地说，当今中国家长遇到的教育问题，大多是由于理念偏差造成的。在延续了五千年的传统思维模式里，国人理所当然地认为，刻苦学习＝考试好成绩＝名校录取＝有“钱途”的工作＝幸福的生活。而现实生活中这几点之间有时是“不等号”。

在经济条件相对较好的家庭中成长起来的孩子，往往没有那种紧迫的生存压力，这使得他们有条件追随自己内心的热情，而我也并不赞成一味地迁就孩子，特别是在你无法确定眼前的专业选择是他的又一个“一时兴起”，还是这一次他终于遇到了“心之所向”时。同时这也是许多父母用来拒绝孩子的理由。所以同学们，出来混总是要还的！当你感叹最终遇到“心之所向”而不得时，请告诉自己这是你在为此前的诸多个“一时兴起”买单。

04 熟知规则才能玩转哈佛

哈佛青睐怎样的学生？很多国人还是深信哈佛等世界一流名校是唯分数论的。比如在留学咨询中，被经常问到的一个问题是：老师，请问我的孩子要考到多少分，才能被哈佛大学录取呢？其实，针对这个问题，需要搞清楚三件事：第一，考何种考试；第二，哈佛青睐怎样的学生？第三，要知道，每年都有 SAT 满分的“优秀生”被美国名校拒录的案例。

美国名校真正青睐的是出类拔萃的学生，这种出类拔萃包括具有奉献精神、社会责任感、高尚道德、领导才能等等。考试成绩的确是因素之一，仅仅是之一。在美国名校眼中，成绩极其优秀只能说明这位学生善于考试，如此而已。善于在传统学业考试中取得高分的学生，一定能为人类的发展做出杰出贡献吗？那可不一定。所以，这样的孩子可能还没有达到名校的录取标准。

其实，哈佛也并非高不可攀，只是，如果你连游戏规则都不清楚，要怎么玩儿呢？要知道，熟知规则才能玩转哈佛。

曾经有种假设被深深植入了美国神话，那就是：有一张大学文凭就意味着某种成功。这种神话很难破灭，甚至在与美国高等教育的复杂等级制度发生冲突时，也不会消失。举例说，直到 1959 年，万斯·帕卡德在他的《社会地位的追求者》（*The Status Seekers*）一书中仍然相信这样的观点：一张大学文凭，足以表明某人属于“文凭精英”的阶层。其实不然。你如果想更准确地表述这一观点，就必须设计一个“文凭精英”阶层，因为阿姆赫斯特学院、威廉斯学院、耶鲁大学或哈佛大学的文凭，无论如何也不能等同于东肯塔基大学、夏威夷太平洋大学、阿肯色州立大学或鲍勃·琼斯大学的学位。帕卡德说：“同一个没上过大学的姑娘相比，上过大学的姑娘嫁给上过大学的丈夫的概率高六倍。”他显然混淆了事实，因为这种说法的致命错误在于，它忽视了这样的现实：某个毕业于哈佛大学的小伙子几乎不可能娶一个从佛罗里达劳德代尔堡的诺瓦东南大学毕业的姑娘。

置身于美国高等教育的环境中，我们马上就会发现两种基本的美国人阶层：“上过大学的”和“没上过大学的”。可是在今天的高等教育领域里，只有区别从真正的大学毕业还是从所谓的“大学”毕业才是有意义的。真正的“大学”——哈佛大学便是标杆。

虽然不同的父母对成功有不同的理解，但实际上，中国父母和他们的孩子同样也一直在上演永恒不变的美国式追求，不过他们追求的是尊敬和社会地位。他们希望自己的孩子成为有成就的人。孩子要选哪条路，或者逼孩子选哪条路，常常取决于父母的价值观。中国有句俗话：男怕入错行，女怕嫁错郎。问题是什么才是对的行业呢?

举例来说，家长通常希望孩子能够从事社会地位较高的职业——医生、律师、科学家，只有取得高分才能进入医学院、法学院以及选修哲学博士课程。这里我不得不提醒这些父母一句，社会地位较高的职业并不等于收入较高的职业。当然，金钱不是一切，职业目标是可以分很多层次的。但是很多父母并不是出于更高的职业目标考虑，而仅仅是出于这份职业收入不菲，可以确保衣食无忧。所以，对于这样的父母，在给孩子做职业规划之前有必要知道：拥有高收入并不一定能在社会上拥有较高的地位；拥有地位高的职业，并非都能有高收入。

所以当家长想为孩子设计未来的时候，务必先想想，你希望孩子拥有什么。你希望他将来是有名还是有利？希望他做医师、律师、工程师，还是希望他做个普通人，只要能快乐、健健康康地过一生就好?

最后，对另一些父母而言，若能告诉他们的朋友、亲戚、邻居，我的女儿在哈佛念书，我的儿子在清华念书，那是件非常重要的事。我将他们称为“名校迷”。他们觉得要提高自己的身份，就需要培养出能够获得高分、被名校录取的子女。

唯名校论，这何尝不是一种自私的养育模式——我养育你，是为了让你为我争光，让我不再自卑。甚至于，我养育你，仅仅是因为我希望找到控制别人的快乐，所以你回报我的唯一方式，就是过我想要你过的生活，读我想让你读的书，娶我想让你娶的女人；你生活的意义就在于让我看到你的生活赏心悦目，而绝不是让我伤心欲绝!

我并非在否定父母对子女无私的爱，只是直白地指出这种不恰当的教育理念和方式。我们应该给孩子他们原本想要的幸福，而不是家长所认为的“幸福”。

05 专业人士八卦传统留学行业常见的“坑”

多年来我曾在留学公司里辗转多个部门：负责市场宣传的市场部，负责统计数据的IT部(最初IT部隶属于市场部，随着互联网的迅猛发展，后来才被分离出去的)，在一线直接面对学生和学生家长的销售部。当然了，大多数留学公司不会简单地称顾问老师为“销售”，而是给他们，确切地说是“我们”一个听上去更高大上的称呼，即“人生规划师”。此外，在极端情况下（申请日期迫近、文书部告急时），我也曾执笔写过学生的申请文书。幸运的是，我执笔写的第一套申请文书使那位同学最终成功申请到了LBS（伦敦商学院）、LSE（伦敦政经学院）和艾克赛特大学这三所大学的金融相关专业。

多年间，我也辗转过大型留学公司、中型留学公司以及留学类创业公司，目睹了大型公司的衰落、中型公司的瓶颈以及创业公司的发展壮大。当初做每个选择的时候，仅仅是出于对个人职业生涯的简单考虑，多年过去，而今回过头来看，这样的职业辗转经历，竟然无形中成就了"一个资深行业探子"，还有谁比我更了解留学行业的运作机制呢？不管是表面上的，还是"桌子底下"的。不要一提到"桌子底下"，大家就联想到肮脏的勾当，我不是那个意思；只是不同的公司有不同的运作机制。而作为消费者，只有全面了解每一种公司的运作机制，才能选出最适合自己的。

我不知道大家是否曾经接触过常规的留学咨询，有点儿像相亲，你的条件怎样？与你匹配的学校是哪几所？那个名校不适合你，"他"是高富帅，而你不是白富美，NO，NO，换这个吧，竞争不是太激烈，适合你，成功率更高。基本是这个样子。全程不会超过30分钟，在我看来，类似水平的咨询连10分钟甚至都用不了，录入系统，10分钟交给电脑就搞定了。（或者，就是另一套思路：不管你的自身条件多么普通，胡乱许诺你任何你想上的名校，比如哈佛，在签订合同后，再逐步找各种理由降低你的选校预期。）留学咨询行业，可贵之处在于"咨询"二字，而咨询必然会涉及诸多人性化、个性化甚至是非常规化的要求，不是电脑这冷冰冰的硬件就能搞定的事。租这么大的办公场地，雇用数十号身着笔挺制服的员工，花不菲价钱搞展会上媒体曝光，目的是什么？把排场做大，好抬高价格！

我很难想象，中介机构中刚毕业没几年的"人生规划师"能给你规划出怎样的人生，他在国外生活过吗？他凭什么解答你关于国外学习生活就业的诸多疑问。这一行极其常见而又讽刺的现象在于，你未来是准备到美国纽约的华尔街去给世界金融格局贡献一份力量的人，而眼前正神采飞扬地给你做着职业规划的毛头小子可能竟然连国门都没有出去过，这不是太可笑，太儿戏了吗？那么在如今的中介机构中，究竟有多少咨询师有出国学习工作生活的经历呢？我们先不要提华尔街这档子事，告诉你，比例极其小，这很简单，因为凭机构现今的经济条件雇不起。事实真相是：很大一部分留学中介顾问的学历很让人堪忧。为了掩饰弱点，他们便会用类似"我是哪里毕业的不重要，重要的是我能把你送到哪里"的回答来搪塞学生。其实如果自己都没有经历高等教育的洗礼，又如何能够帮助别人获得全面的提升呢？当然，仅仅在西方读过书、辅导过学生是远远不够格的。西方名校的录取是由招生官来做的，有海外名校的招生经验才是王道。

那么如何选择相对靠谱的中介机构呢？我认为，核心便是文书。这个判断点究竟有多靠谱，在于读者你们自己。文书是你在最后申请的时候唯一展示给committee admission的东西，所以如果你的文书既不能让你看，也不能让你改，那么你认为靠谱吗？有些机构说这是商业机密。那你花几万块钱买的是什么东西呢？自己的文书都不能修改，别人只是生拉硬套，这让人甚是纠结。还有，咨询顾问说得再天花乱坠，自己也要看看文书是谁负责的。所谓的一个团队在负责一个 case，这句话让我很“冷”。

06 不同的留学公司有不同的运作机制

“在利益有冲突的情况下，我不相信多数商人能够为了道德而放弃利益，这是人性问题。”这句话是一个曾开创了业界诸多里程碑的传奇人物酒后说的一句话，那时年少的我对他的吐露不屑一顾，“去你的，我就可以首先考虑客户的需求，不把学校给的招生返佣作为首要考虑因素。”“吹牛！就算你是个异类吧，但是在现存体制下，你的上司、你的下属，全公司上下所有人目标一致，你不合群？你就滚出去！”好吧，事实证明我这个异类最终确实是滚出去了。当然我是正常的离职。与其说我不屑与他人为伍，倒不如理解成我不想妨碍同仁们继续赚钱，总之我是离职出来，自己创品牌单干了。对于这个问题，惯例已经形成，要么削足适履，要么高级定制一双“新鞋”。（背景资料补充：一般来说，国外的一些院校的确会给中介机构返招生佣金。所以中介机构自然而然会倾向于向学生推荐返佣比例更高的大学。）

信息不对称是中介机构能够生存的关键。随着互联网的发展，这种信息不对称已经得到改善，但是互联网是把双刃剑。信息爆炸的另一面就是“一旦你不具备足够的能力去甄别真假”，那么可能比什么都不知道还要可怕。大家知道百度有些信息是付费的，而且只要你付的费用够高，那么……全球先进国家的高等教育人才筛选制度，尤其是以美国为代表，与国内有着巨大的区别，而国人获取此部分信息的渠道有限。加之网络信息有很大的片面性，甚至是错误的，所以每年有大量的人因为这种信息不对称走了很多弯路，导致申请失败，其中不乏极具潜质的优秀申请者。

我的一个非常要好的朋友，他在出版界也是首屈一指的人物，他妻子告诉我早就想送女儿出国，于是就百度信息搜索，结果看中了一所学校，就在万事俱备只欠东风的关键时刻，唐骏野鸡大学这条新闻被曝光，他妻子一对照，恰好就是他们准备送女儿去留学的学校，至此出国事宜全熄，直到他们认识我，才又重启出国计划。他是这么嘱咐妻子的，“玉茜说怎么办就怎么办，办不好我找她算账！”坦白说，我欣赏他这个简单粗暴的办法——高效。他女儿的资质还是不错的，我初步准备制订 1 至 3 年的背景提升规划，申请目标是美国排名前 30 的大学，我知道这不容易。我又不会像其他机构宣传的那样每年送几十个人去哈佛，送她一个，只要规划合理，还是没问题的！哈佛每年在中国录取的学生一共也就七八个吧。

一般来说，留学中介公司已结束了近20年的混战，大格局已定，所以目前活跃在市场上的成规模的大型留学中介公司都是拥有教育部留学资质的。与此同时，一些新成立的小型留学公司就不见得拥有这种资质，而今市场上95%以上的留学咨询公司都是没有这种教育部资质的，所以他们一般打出来的牌子并非“留学中介公司”，而是“留学咨询公司”。不同的留学公司有不同的运作机制。

围绕着“咨询”与“中介”，围绕着“资质”，不同类型的公司大做文章。

07 留学中介资质的那点事儿

“教育部批准的留学中介就是正规的好中介。”这是大错特错的。要知道这样一个事实：它们只是有批准的资质而已，也仅仅是具备了从事自费留学中介服务资格的这样一家中介而已。有资质绝对不等于经营管理就正规甚至是优质的。主管部门包括教育部门、工商部门近年来并没有做留学中介机构违规违法以及投诉方面的统计和公布，但是此类事件的确每天都在发生。有留学中介资质的机构被投诉和披露的也占了较大比例。

凤凰新闻曾报道，出国留学已成潮流，留学服务机构也因此经历了十几年的“黄金发展期”，不仅机构数量庞大，而且服务升级：从院校专业规划已经扩展到职业规划、人生规划、境外服务等方方面面，包含了高端私人订制服务。留学服务机构获得大发展的同时，也滋生了许多非法留学中介活动，让市场一度陷于无序状态。为规范留学中介市场，早在1999年8月24日，我国教育部颁布了第5号令——《自费出国留学中介服务管理规定》。该政策成为管理留学中介服务行业的一把“利剑”，专斩没有合法资质的留学中介机构。专家建议，选择有资质的留学服务机构才能保障自身的权益。

身为留学专家中的泄密者，或者你也可以干脆不认可我的专家身份，总之，我对专家建议的建议是：“别太拿留学资质当回事。”

留学中介经常以中介资质说事儿，说自己的成立时间久，说自己的公司拥有国家颁发的资质证书。其实，当初教育部之所以颁发资质，就是因为小公司、黑中介林立，把很多学生送去很烂的学校，甚至是野鸡大学，学生的利益根本无法得到保证，国家这才开始介入管理，让机构放200万抵押金在银行，以确保当客户利益受到损害时，客户能够得到赔付。时至今日，根据国务院近日发布的27号文件，留学中介资质已经改为后置审批。

国务院发布的27号文件，内容包括取消和调整一批行政审批项目等事项，其中，关于自费出国留学中介服务机构资格认定由前置审批改为后置审批，由省级人民政府教育行政主管部门实施。

后置审批指的是在取得营业执照后筹备公司工作，不受自费出国留学中介服务机构资格的限制。有业内人士表示，这项资格认定改为后置审批，能帮助从业者在公司创立过程中节约一半的时间。但是，如果没有取得这项资格认定，有营业执照的公司也不能开展相关项目。

2012 年出台的《自费出国留学中介服务管理规定》提到，留学中介的服务资质认证下放给省级人民政府教育行政部门，留学中介原则上应当在资格认定书核定住所地区域内开展经营活动，其中国务院发布的《关于加强出入境中介活动管理的通知》规定“禁止境外机构、个人在我国境内以任何形式从事出入境中介活动”。

此次调整进一步明晰教育、工商等部门的管理职责，在一定程度上解决了留学机构和留学工作室服务混乱的问题，对目前的留学机构而言，一些没有资质的中介机构可以重新申请审核，预计有更多留学机构将会获得留学中介的资质，留学中介机构的市场竞争也将更加激烈。

但是写到这里我必须要着重说一句，我并没有彻底否定留学资质的价值，在屏蔽野鸡大学的问题上，留学资质的出台毫无疑问起到了规范市场秩序的显著作用。只是经过近 20 年的迅猛发展，如果消费者在选择留学中介这个问题上，还停留在指望资质作为保护伞，显然是不够的。

“老师，某某大学怎么样？”类似的问题，是留学咨询过程中经常会被问到的，这个问题背后的潜台词是这样的：“某某大学是否是野鸡大学啊？我能不能申请这所大学啊？”或者“这所大学与哈佛大学比怎么样啊。”表面的问题背后隐藏着这样的思维模式。坦白讲，这是我不愿意解答的问题之一，但是我通常不会把自己不耐烦的一面表现出来，尤其是对我的客户。毕竟在我还没有那么大牌之前，我是不能挑剔客户的。相比之下，现在的我，少了之前的“迎合”，反而更能清晰而准确地发表意见，尽管有些话会让客户听起来觉得没有那么顺耳，不过我终究搞清楚了一件事，比起“顺耳”的话语，客户似乎更喜欢我把他送到理想的学校。

08 不要老拿留学中介和留学咨询说事

此外，我们再来说说“中介公司”和“咨询公司”的区别。以下对比表格是您经常在市场上看到的，我本人也曾执笔过类似表格。

留学咨询与留学中介服务的区别列表

	留学咨询	留学中介
服务人群	以竞争为目标，愿意付出努力克服自身不足，战胜自己和竞争对手，从而进入对自己有巨大挑战的目标学校。	以申请结果为目标，不希望参与到整个申请过程中，只想在提供基本资料后，就可以等到申请结果，甚至包括签证。

目标学校	从目标国家几百所学校中筛选出适合客户申请的学校。学校基本为本国排名靠前、实力雄厚的学校。	与中介有合作的学校，基本无法进入本国综合或主流专业排名中。
服务核心	根据对客户背景优劣势的分析选择出适合客户的学校，并完成最适合客户的申请文书。	与国外院校建立合作关系，与学生签订服务合同。
服务难度	收集和积累大量案例信息，研究各个学校的录取流程、难度和特点，需要大量人力物力；挖掘客户背景中的亮点进行准确的营销，需要咨询师具备丰富经验。	与国外院校建立合作关系，向学生推销自己的代理院校。 签证申请。
赢利特征	客户的咨询费。	中介费＋合作学校的佣金。
服务保障	客户对服务成功与否有决定权，若不接受申请结果，可以得到全额退款。	一旦开始服务，无论客户对最后所去的学校是否满意，都不会退钱。
不足之处	新生服务类型，培养一名合格咨询师至少需要经历两个完整申请季，而市场的巨大需求导致咨询师队伍中有滥竽充数的情况。	中介费＋佣金的赢利模式决定了中介与客户之间存在先天性利益冲突，导致客户权益容易受到损害。

如果你觉得上述表格尚不足以打动你，下面这段文字阐述了“留学咨询”与“留学中介”的区别。

比如“某某大学怎么样”这个问题，坦白说，除了美国排名前50的院校，我对其他的美国大学了解得不是太多，我得承认，哪怕只是这50所大学，我了解得也不是很全面，至少不如“百度百科”了解得全面，但是越是排名靠前的院校（尤其是排名在前20的院校，或者常春藤院校），我了解得越清楚，因为通常来说，这才是我的业务范围；高端留学才是我的专业领域。至于屏蔽野鸡大学，那不是我的工作。

所以回到最初的问题，客户在选择机构之前，最好先对自己的需求有一个清晰的认识，如果仅仅是“屏蔽野鸡大学”，那么目前大型的留学中介或许是不错的选择，有教育部认可的留学资质不说，而且近20年的发展历史使得这些大型留学中介机构已经建立起一整套申请流水线，普通产品难度并不大，毕竟您的需求仅仅是想屏蔽掉质量过差的产品。举例来说，如果您想选择一般消费品，那么大型超市是不错的选择。但是如果您是想选择高端私人定制，那么显然这时候大型超市似乎就不太能满足您的需求了。

09 留学咨询和留学中介本质区别和未来发展趋势

留学咨询，顾名思义，是需要提供出国解决方案的，其所涉及的咨询范围包括：背景综合定位、优劣势分析、专业和未来职业选择方向确定、出国考试规划、实习和兼职指导、学术背景提升、社会活动国际经历策划指导、文书创作和面试辅导、签证培训、海内外生存指南等一系列个性化的成才规划方案。而这类服务在国外已经有几十年的成熟运作模式。一家比较规范的留学咨询公司在给申请人提供咨询服务的过程中，不会代理国外的任何院校，他们的服务对象仅仅是申请人，他们不会向学校收取任何费用，学校也不可能给他们任何佣金，因为他们之间没有代理关系。

在美国，留学咨询顾问的身份是大学录取顾问（College Admission Counseling）或升学顾问（College Counselor），专门为学生和家长提供升学咨询服务。服务对象主要是生活在美国的高中生和大学生。目前，在美国从事这个行业的人员有数万人，几乎每一所高中都有专职的升学顾问，他们的工作就是为学生提供必要的升学咨询。绝大多数的升学顾问都供不应求。根据美国教育部统计，美国大学里的升学顾问平均只花费 46% 的时间进行学生的升学指导，其余的时间用于帮助学生选课、心理辅导、安排考试以及种种行政事务性质的工作。扣除其 54% 的时间，实际上学生与升学顾问的比例大约相当于 1000：1，所以许多高中生都到校外寻求独立升学顾问的帮助。除了高中升本科的咨询服务以外，硕士申请，尤其是医学院、法学院和商学院申请的服务需求也非常大，而且相对非常“专”，服务费用不菲。

一家名为“大学名校录取战略家”的大学升学顾问公司（Ivy Success）的理念是，他们不是重复地给人讲那些书上提到的常识，他们是战略家，是用他们多年的经验让客户在大学录取这个不确定的竞争中获得胜利。当然，他们的收费也不低，明码标价 19 995 美元，为心仪名校的学生提供服务。他们还特别提醒人们，最好学生在上 7 年级的时候就跟他们联系，否则晚矣。NMI 大学升学顾问公司的服务费明码标价为每小时 125 美元。一个名为“常春藤秘密”的大学申请顾问服务公司，明码标价每位学生收取 32 995 美元。

10 留学中介的真相

那么何为留学中介呢？自费出国留学中介服务机构（以下简称中介服务）是经批准的教育服务性机构。通过与国外高等院校、教育部门或者其他教育机构合作，开展与我国公民自费出国留学有关的中介活动。许多中国家长以及优秀学生所梦想的哈佛、耶鲁甚至排在哪怕 100 多名的很多美国学校，都不可能委托任何一家中介机构代理招生，因为那将无异于砸掉自己的牌子。只有招生有困难的学校（类似于中国的民办学校和三本院校）才会因为缺乏生源而委托国内机构代理招生。换言之，当一个国外院校委托代理来招生时，它的名声和品牌不可避免地就走下坡路了。这也就是为什么在留学中介业务开放的10多年中，随着英国、澳洲留学的逐步产业化，从这些国家回来的留学生也越来越不被认可，澳洲甚至一度被称为“最大的海带（待）生产国”。根本原因是这些国家的绝大多数大学（英国除了排名前5的大学）基本上没有设太多的招生门槛，大多是有钱就行。

目前中国的中介是双向收费模式，而日本、韩国、印度等国家早就实行单向收费，也没有中国这么复杂而又混乱的竞争环境。在双向收费模式中，中介既代表学校，又代表申请人，从长期来说，这种形式不会一直继续下去。目前之所以还能存在，很大程度上也是因为信息的不对称，加上很多家长的无意识以及行业整体的非理性和逐利性。而中介在整个留学服务过程中，提供的核心服务其实就是签证指导，因为既然代理了学校，申请就没有难度，而绝大多数的中介公司从业人员素质相对偏低，对于专业的指导和职业规划无法给出好的建议，更关键的是中介本身的“趋利性”让很多中介从业人员将原本优秀的申请人推荐到佣金比较高的代理院校，而佣金越高，通常学校越差，对申请人也越不负责。“野鸡大学”和中介机构联手行骗的现象频频发生的根本原因是，强烈的利益驱动让中介因为追求短期的暴利而无视广大申请人的教育投资和未来发展。

中国以后的留学市场将出现两类泾渭分明的服务机构，一类是咨询公司，仅仅接受学生的委托，不代理任何国外大学，为学生提供留学规划服务，诊断学生问题，提供解决方案，帮助学生进入理想学府，使个人发展更上一层楼。另一类是中介机构，代理国外的大学，收取佣金，为学生提供完全免费的服务。所以中介如果要生存，必须拥有广泛的院校合作资源。

而现在的中国留学市场还比较年轻，还没有形成全行业普遍认可的行为规范和行业规则，但这种“零中介费”服务的趋势不可避免，行业专家认为在5—10年可以实现，如果政府的力量能够介入，这个混乱无序的市场和不规范的游戏规则则可以更快地得到改变和完善。日本、韩国以及中国香港和台湾等国家和地区的留学市场比中国早出现了20年，经过30多年的发展，市场已经非常成熟、稳定和透明，基本上实现了“零中介费”服务，即中介为学生基本提供免费的服务，只依靠国外高校的代理费用。

然而现实情况是，许多留学中介也涉足留学咨询业务，客户很难单凭“中介”和“咨询”二字就明确地知道机构能给自己提供的服务有哪些。也就是说，在现今中国，很难把“留学咨询”和“留学中介”完全割裂开来，无论广告宣传得多么天花乱坠，本质上其实是一回事儿。所以我给出的建议是，剔除掉广告宣传的不实之处，只看合同，仔细地比对着看，机构能提供的服务究竟包括哪些。不可否认的是，留学中介之间的同质化非常严重。95%的留学机构都在做着同样的事情。注重提升学生的留学软实力，让美国名校前招生官来辅导学生，是行业的发展趋势。目前能做到这些的公司，可以自信地说拥有很大的优势。美国的顶尖名校不会与任何中介机构有官方的联系。打算通过“关系”被录取的思维一定会在西方的法治文化里被撞得粉碎。真正靠谱的留学机构不是和顶尖大学有官方关系（这也不可能），而是拥有顶尖大学的前任招生官。

11 如何挑选留学中介

可能因为留学中介的名声确实不好，因此一些实质上从事留学中介服务的机构或者人员就千方百计地撇清自己和留学中介的关系，比如打着“外语学校、大学以及独立咨询公司、独立升学顾问、DIY留学顾问”等旗号，但本质上都是最具欺骗性的留学中介。天真的人们普遍认为“黑中介就是那些不负责任的留学中介公司，而学校和咨询公司不是留学中介更不会是黑中介”。显然这种想法是很危险的！社会上还有不少机构穿着更靓丽的“马甲”从事着留学中介业务，实事求是地讲，其中不乏专业精英，但更多地是以追逐利益为首要。这些机构形式多样，包括咨询公司、独立升学顾问、“某某教育联盟”、“某某大学网”、“某某留学网”，无一例外地试图站在学生这一边，而把自己推向留学中介的对立面，声称自己不是留学中介。这些机构是留学中介，而且甚至可能收取更高的费用，提供更不可靠的服务。

有一次，“某某留学网”的代表被安排在我之后给学生做留学咨询的讲座，这时候对比就很明显！我提供的留学咨询服务是收费的，而且针对私人客户的整套背景提升规划收费也并不便宜，但是“某某留学网”提供的是“零中介费”的服务。碍于主办方的面子，我也不好说什么，“难道我要告诉同学们，免费的都没有好东西，它只会把你推荐到差学校以赚取佣金，而我是通过1~3年的系统背景提升规划助你最终拿到常春藤的offer。”我显然不能这么干，我也只是被邀请去做讲座的专家而已，出于热心，我婉转地向主办方表达了我的担忧：“我有个很要好的朋友十年前就创办零中介费留学网站了，你相信吗？他网站的全部运营活动都是他一个人负责，据他跟我形容他的状态，是每天睡到自然醒，高兴的时候接几个学生的咨询电话，到日子跟境外校方收取返佣就好了。无比惬意的小日子。国内目前有三家大型留学机构的网站都是他设计的，既懂留学又懂IT，他自己跟我吹牛说，他应该算是第一人了。”“玉茜，我知道你是什么意思。他们（指某网站）是给了我们广告费的，行业里这点事，谁都知道。一会给点面子，像零中介费背后这档子事就别跟学生提了。”

有官方背景的留学中介就一定是可靠的吗？那可不一定。应当说，有官方背景的机构尤其是有教育部背景的机构确实拥有相对更好的国际教育资源，服务的诚信度有一定的机制保障。但是，每个学生的情况是不同的，因此就个案而言，与其说是在选中介机构，不如说是在选人。留学咨询和申请服务，终究是人来完成的，个人的经验对于留学计划的科学性、可操作性和最终的成功至关重要。官方大机构里面也有不负责任的咨询师，小机构里面也有拥有专业背景的资深咨询师，不能单纯以是否有官方背景、有资质与否、咨询或中介的性质等等条件来做判断。为你提供咨询的人的背景、操作过的成功案例、从业经验、职业操守以及他或者他的团队到底能够给你提供怎样的服务，这些才是做出选择的重要标准。

学生选择留学中介，当然首先是为了购买留学中介的专业服务，其次也是为了省心省力。

应当尊重一个事实：留学中介是不能搞定一切的。如果一家留学中介对你的任何要求或者希望都予以完全承诺的话，这是非常危险的。必要的材料和信息一定要学生自己提供，很多环节的工作也需要学生本人的参与。留学中介的“包装”一定应当是有限度的，“作假”的代价将会是惨重的。现在，无论是国外正规院校还是使领馆，对于假材料的甄别和审查都予以了高度重视并且有一套可行的机制。

那么，说了这么多，到底应该怎样选择留学中介呢？

首先应该搞清楚，你到底是否真需要留学中介的服务，或者说是自己 DIY 更适合呢？留学中介机构不是“魔法”机构，它最多只能帮你找到匹配的院校，仅此而已。而显然你的期待不止于此，对吗？你希望自己有机会入读美国排名前 20 的名校、英国排名前 5 的名校，是吗？这不是妄想！只需要按照以下方法去做，完全有可能！请注意，我不是强调你文书材料的“包装”，而是要你花 1~3 年去完成“背景提升”中的步骤。请仔细阅读以下章节，并照着去做。一旦你完成了背景提升，届时到底是自己 DIY 申请留学，还是为了节省时间选择权威留学机构，其实都是可以的。

12 专访哈佛女孩丁丽晴：如何打开美国名校之门（之一）

背景资料：2011 年中国籍女孩丁丽晴先后收到哈佛大学、宾夕法尼亚大学沃顿商学院、斯坦福大学、哥伦比亚大学和加州理工大学的录取通知书。后来秋野玉茜老师根据丁丽晴的家庭教育故事，结合自己多年留学行业从业经验，编著成畅销书《放养的女孩上哈佛》，本小节内容节选自此书，后又经图书编辑重新精简整理，以下是对哈佛女孩丁丽晴的独家专访。

名校最看重社会活动能力

问题：很多招生官员认为，中国学生考试成绩都很优秀，其他方面相对较差，你认为目前中国学生不足的方面是哪些？最缺乏哪些方面的竞争力？

回答： 不足方面是中国学生的能力过于单一，仅仅是学业优秀，但自理能力、独立处理问题的能力、独立思考能力都比较差。不客气地说，事实上很多美国招生官对中国学生的评价是，除了考试什么也不会。这不能完全怪中国学生，这很大程度上是由国内的大风气造成的。事实上，很多名校的毕业生正在职业道路选择上茫然无措。对于按照传统方式严格要求孩子的父母而言，他们都应该知道这些事实：很多白手起家的千万富翁说他们在校时并不是优等生。许多人在传统的文凭考试中根本没有得到高分，他们的老师也不认为他们能在未来获得成功。80% 以上的有钱人根本就没有修过大学高级课程。很多朋友在我的微博上提出各种有关教育的问题。在传统思维模式里，国人理所当然地认为，刻苦学习 = 考试好成绩 = 名校录取 = 有"钱途"的工作 = 幸福的生活。而现实生活中连接这几个元素的，反而应该是"不等号"。

问题：看你的简历，个人才艺和个人经历都是很优秀和丰富的，这些是否为你被这些名校录取增加了很重要的砝码？

回答：是的，可能我的个人陈述也给我加了不少分。没错，我承认我的个人才艺和个人经历这些的确可能是加分项，但是这些信息都是通过个人申请材料巧妙地传递给招生官的。写出符合哈佛大学或是其他大学招生官要求的个人申请材料，这很重要。奉劝那些为了进入名校疯狂练习个人才艺的学生及学生家长，顺其自然吧，个人才艺在录取时起到的作用，远没有你们想象得大，还是不要本末倒置的好。花很大的精力抓不是十分重要的(事情)，反而忽略原本重要的个人硬件条件，这显然不是明智之举。

选能发挥特长的专业

问题：如果全部自己申请，是否需要借助或者咨询一些好的网站或者专家？请为没有任何申请经验的学生介绍一些比较实用和有建设性意见的网站或者书籍，以方便这些考生顺利申请？

回答：首先要做到对所申请的学校了如指掌，方法就是反复浏览学校网站。然后根据学校对学生的要求看看自己是否适合这所学校。如果不适合的话，即使申请也很难被录取。别人的经验及各种网站没有任何可参考性，因为名校看重的是每个学生的个性。我认为最值得推荐的留学信息来源是——丁丽晴个人微博。开个玩笑。

是这样，自从媒体报道了我的事情后，我频频在自己的微博上收到来自家长或学生有关留学的问题。好在目前问我问题的人不是很多，所以我就一一回答了。没错，如今的时代跟以往不同了，大量的网络资讯已经走过信息爆炸，走向了信息泛滥时代。泛滥意味着什么？泛滥意味着不看还好，看了反而可能走错路，因为里面的信息很多都是滞后的，甚至有错误。申请者应该直接去大学的官方网站搜寻信息，但是绝大多数申请者的英文水平可能还达不到这样的高度，并且官网上给出的大多是冠冕堂皇的理由，可能跟同学们的实际需求又相距甚远。

个人认为，微博是一个非常不错的东西，它拉近了人与人之间的距离，我给大家出一个主意：大家可以给我的微博发私信，一般来说我都会回复的。评论我的微博，提出自己的留学问题也可以，但是不要拣那种回复上百条的微博跟帖，那种我一看就烦了。但是可以挑那种评论的人数比较少的微博，一般来说只要我遇到过相关问题，能回复的我一般都会回复。

问题：看资料，你从小立志攻读商科，在报考这些世界级别的名校时，是否在专业的报考上，申请一个合理的专业，也会增加录取的成功率？

回答：选择一个适合自己特点、能发挥自己特长的专业是非常重要的，这将会增加你的录取成功率。

问题：被顺利录取只是大学生涯的开始，进入哈佛后，周围的同学都是全世界的精英，应如何调整自己的心态，在开学前，应提前准备哪些东西？

回答：不需要调整心态，任何时候只需要展现真实的自我，实际上现在哈佛已经开始对我们的各种知识进行摸底测试了。学生选择课程时可以参考测试结果。

13 专访哈佛女孩丁丽晴：如何打开美国名校之门（之二）

哈佛大学——我的申请书更像一部小说

问题：听说你的申请书是自己亲手写的，请介绍一下，如果想申请这些世界名校，申请书有何需要注意的地方，如何书写一封能成功打动招生官的申请书？

回答：首先要真实，确实是自己曾有过的经历，以小见大，选材独特，能让考官产生共鸣。我的文书也曾拿给在英国旅居多年、专门从事语言研究的一个教授看过，惊人的是，他跟哈佛大学招生官给的评价竟然惊人的一致。这根本就不像平常的申请文书，倒更像是一部小说，带点梦幻色彩的小说，而且又很巧妙地提到了自身的经历。有兴趣的同学可以加我的微博好友，我会将个人的申请文书贴在上面，同学们可以借鉴一二。

如何能打动招生官？我想最重要的是说“人话”，我不单纯是开玩笑才这么讲的。听哈佛的招生官跟我讲，他们能在 3 秒钟之内判断出一篇申请文书出自谁之手。有些机构通常来说都是流水线作业，弄出个模板直接往上一套。不是说不可以用，但若是申请名校，只要用了模板基本就和被拒绝无异了。所以，对于申请文书这种东西，我的意见还是：第一，自己要主动地更多地参与进来；第二，说真话，自己经历过的总比没经历过的要有血有肉；第三，个性化，不必拘泥于固有形式。

问题：从申请到考试，到给每一所学院写入学申请，再到请老师写推荐信，每一步都是你自己独立完成的，请分享一下在这些申请过程中你的成功经验和心得？

回答：首先要给自己订一个完整的计划，并要严格执行。保持一个良好的心态，先不要考虑结果，要享受申请过程。过程本身是对自己能力的一个考验。

问题：目前，以哈佛、耶鲁为代表的十大顶尖名校陆续公布了2011年的录取结果。综观这些顶级名校的录取结果，不难看出，相比2010年，各校的录取率均有所下降，你认为今后留学美国的趋势是什么，是否申请这些名校越早越好？

回答：名校的录取竞争会越来越激烈。正如我上面提到的，各个学校的要求是不一样的，还是要把学校的网站琢磨透。今年报考哈佛大学的共35 000人，最后仅录取了2 000多人。整体的留美趋势我想应该还是好的，但是也不排除美国政府突然做出什么惊人举动的可能性。对于第二个问题，的确是申请名校越早越好，这是多年来不变的铁律。

问题：丽晴，你认为你是靠什么打动了包括哈佛在内的五所世界顶级名校，是否是你的SAT 2 400分满分的优异成绩？

回答：第一，我认为运气很重要。第二，请牢记第一条(笑)。无论是申请学校，还是各种考试，都少不了运气，不是吗？其实我认为自己和其他学生没什么两样，就是一般优秀的孩子。这么说吧，无论是在国内还是美国，我都见过不少非常优秀的孩子没有被哈佛录取。就拿SAT分数来说，我的SAT是2 400分满分，很多人认为这是给我的申请加分的地方，但要知道，哈佛年年拒绝一些SAT考试满分的学生已经不是什么稀罕事。

每年被哈佛录取的学生中，既有SAT 1 800多分的非洲裔学生，也有2 000多分的亚裔学生，可见没有种族歧视(笑)。喔，对，我认识的一位北京朋友，也是今年申请哈佛，SAT 2 390分，只差10分满分，可还是被拒掉了。可见，SAT并不是哈佛大学的唯一衡量标准。

问题：那么是否是推荐信帮到了你，你是请谁写的推荐信？

回答：我想应该不是的。最近网上有人拿我和十年前的哈佛女孩刘亦婷做比较，也许刘亦婷能被录取，重量级推荐人拉瑞的确给予了不小的帮助。但是，我想如果贸然地就此忽视刘亦婷自身的努力也是不公平的，甚至可以说，有些不厚道。说回我自己，我的两封推荐信就是找我就读院校的任课老师写的，一篇数学，一篇……就暂且叫“语文”吧（其实应该算是英文，但说“语文”的话，可能更方便读者理解这门课所教的东西）。

14 专访哈佛女孩丁丽晴：如何打开美国名校之门（之三）

问题：我看到海外媒体加拿大《环球华报》用一个整版刊登了你的故事，上面提到，你是名校里的明星，获得很多奖项，在数学、划船、辩论、长笛等方面取得世界级奖项，也曾到非洲去做义工，走访17个国家和地区……拥有丰富的经历，是否它们打动了哈佛大学的招生官呢？是否每一个被哈佛录取的学生都必须要具备一项以上的个人才艺呢？

回答：哈佛大学没有对申请者的个人才艺作出特殊的规定。但是我知道很多中国家长都已经开始提前“设计”孩子的人生，试图通过练就某些才艺，来打动哈佛招生官，比如练钢琴、练芭蕾、练吹萨克斯风什么的。现在的孩子们，周末、放学后的空闲时间都被各种名目的补习班、才艺班占满了……真可怜。我个人对此持保留意见，也许能加分吧，也许不能。但是我做这些是因为我自己喜欢，而不是为了追求外在的光环，更不是为了追求哈佛，因为我早知道对申请来说，这些可能一点儿用没有，甚至有可能会耽误学习的时间，影响成绩。

是的，我曾经跟随我的老师到非洲去做义工，教那里的孩子学数学。此外，2009年的暑假，我和好朋友米勒来到宁夏回族自治区银川市兴庆区第三小学做义工，此行是我比较难忘的一段义工经历。

我们此前已做好周密的计划和设计，因为我们希望能用自己的方式给孩子们讲课。上课第一天，我们请小朋友们用英文描述小伙伴的外貌特征，第二天则必须深入到描写小伙伴的性格特性，这样的授课方式是一个循序渐进的过程，就如同了解一个朋友的过程，是先感性后理性的。此外，为了营造浓厚的学习氛围，我们选择了一本名为《戴着帽子的猫》的童话书，分配孩子们扮演不同的角色，用情景表演的模式来讲述书本内容。后来，我们还将这次支教活动的图片做成展板，以此召集更多的义工到中国去。

其实做义工的过程，也是一个学习的过程，起初我以为我是来给予爱的，没想到被爱得彻彻底底、穿透骨头的却是我自己。中国有一句话叫做“施比受幸福”。我想自此后，我能体会这句话的意思了。孩子们的琅琅读书声，略带晕红的小脸蛋儿上洋溢着的笑容，带给我自己一种被需要、被爱和被接受的美好感觉。

此前是因为父亲工作的关系，我像个吉卜赛女孩儿一样奔波于十几个国家之间（笑）。但好处是，可以结识来自世界各地的朋友，亲身体验不同文化之间的碰撞，在承认文化差异的前提下，找到一个平衡点，这个平衡点就是“爱”，要知道地球两端的人们都是很友善和乐于助人的。

问题：申请文书是你自己写的吗，有没有找机构办理，或是咨询有关方面的专家？

回答：申请文书是我自己写的，自己修改的，没有找任何个人或者机构帮忙。我觉得很好笑的一件事是，自从媒体报道了我被哈佛、沃顿等学校同时录取的消息，竟然有些国内的留学机构赫然地把我挂在自家的网站上，通过一些“巧妙”的页面布局，影射我是通过他们申请到的哈佛。

刚刚谈到“我像个吉卜赛女孩一样四处流浪”，我想恰恰是我在个人的申请文书中很好地传达了这个信息点，也许就是“吉卜赛女孩”最终打动了哈佛。作为美国最古老的私立高等学府和世界上最负盛名的大学之一，哈佛大学秉承的校训为：真理。哈佛大学认为，自由教育应是“本着自由求知的精神，不受议题的制约，也不受职业实用性的干扰的教育”。这种自由教育追求的目标，不是让学生成为某一种专业人才，哈佛追求的是更为崇高的目标——培养聪明的脑袋，让学生成为独立的、思想解放的、具有“自由思维”的通才。

不论是我的“动荡不安”的全球搬家式生活（笑），还是我宁可为了同时参加辩论和划船的兴趣小组，而选择逃课的“不务正业”精神，还是中国传统给予我的那种坚毅、吃苦耐劳的东方奋斗精神和大胆表达自我自由意志的西方信条……我对这种东西方交替互补的教育方式充满感激。当然，别忘了最重要的一点，我开始时就提过了：运气。我不是开玩笑，这很重要。最后，我要借此机会感谢我的父母，正因为有如此开明和有见识的父母亲，才有了丁丽晴。谢谢。

15 后记

其实我们都明白这样一个道理：出国留学的目的本应是赴海外接受优质教育，积极吸纳海外先进知识，同时通过丰富的社会实践体验世界多元文化，从而成长为具有“国际视野和世界情怀”的国际化人才，这才应该是中国学子赴海外留学的真正意义所在。

但是目前一些留学中介通过包装，把一部分并未达到国外大学入学标准、丝毫不了解名校申请、努力不够又非常贪婪的学生送出去，结果只能是让这部分学生在国外大学频频“露馅”，甚至受到严厉处分，包括退学。这部分学生出国之前，并没有想到这样严重的后果，在一些机构信誓旦旦的保证下，以为会有一个美好的前景在等待自己，可是一旦到了国外，在无人监管，也无人辅导和帮助的情况下，通常会被孤独、寂寞和无助感包围，无法面对巨大的语言障碍和文化差异，更无法承受强烈的心理落差和巨大的学业压力，这种困境更是他们身在国内的父母亲友所无法体会到的。

尽管他们将面临这样或者那样的、有关于自身学习和发展的种种问题，但是交给留学中介的申请费用，对他们来说其实也并不是“冤枉钱”，而是对留学中介从业人员的经验的一种回报，毕竟他们达到了“出国读大学”的根本目的。举个例子，就好比租房子一样，难道不应该找房产中介帮忙吗？或者说，寻找一个机构为自己提供更多的房源信息，这样的诉求对自己来说难道不合情理吗？答案显而易见。我们都明白，为什么房产中介赚钱就那么轻松呢，没错，他们有广大的房源信息以及行业内各方面的沟通与合作。因此，让这样一个为自己提供服务的机构帮自己打理“任何事”，只要能到国外上大学和上名校的愿望能够实现，给予这样的机构经济报酬，对大多数有留学诉求的学生来讲，是非常合情合理甚至是非常有必要的。

当然，不排除有部分自身条件优异的学生，他们可以成功申请自己心仪的大学，这部分学生毕竟占少数。大多数学生，甚至包括那部分“不努力不付出而又期待回报”的学生，是非常渴望成功的，他们需要让“申请成功”变成一个大概率事件，他们尤其需要留学中介帮其“控制”自己申请成功的概率。留学中介的专业水准必须经受市场考量，同时有留学需求的学生又受到缺乏申请经验、短时间内对申请信息的对接不良等不可抗力的影响，这些因素恰恰为留学中介提供了大显身手的机会。可见，业务水平相对较强的留学中介机构，例如能精确把握申请中各个流程和环节，同时拥有历年积累的丰富的申请经验，在同行中属于佼佼者，可以吸引大批学生投入它们的怀抱。

第二章

背景提升，开启留学 DIY 时代的必备利器

01 背景提升利器之国际比赛名录

在这一章中，作者列举了哪些国际比赛是被美国名校(特别是常春藤名校)录取时所青睐的。这部分内容的意义在于，林林总总的国际交流、国际比赛不胜枚举，这让我们无从分辨究竟哪些比赛是有价值的，哪些比赛是真正能帮助我们得到提升的。那么，现在简单了！照着这个 LIST 报名就可以，以下都是被世界名校所承认的比赛。如果同学们想获得更为详尽的竞赛辅导，也可以加我的微信公众号。

(1)

类别	International Science Olympiads and Qualifying Competitions
比赛名称	International Biology Olympiad (IBO)
比赛中文名称	国际生物奥林匹克竞赛
简单介绍	IBO 是为中学生举办的世界级生物竞赛，旨在考查参赛者的生物实验技能和解决生物难题的能力。考查的重点是学生对生物学的兴趣、创造力以及学生百折不挠的精神。IBO 体现了生物学丰富多彩并极有价值的学科特点，为各国的生物学教育提供了了解彼此课程提纲和教育方向的机会，是提高国家生物学教育水平的重要信息来源。
比赛时间	5 月—8 月
报名时间	3 月底
流程	国家—世界
举办地点	印度尼西亚巴厘岛(2014)、丹麦奥尔胡思(2015)
主办方名称	国际生物奥林匹克竞赛组委会
中国办公室	否
适用学科	生物
官方链接	http://www.ibo-info.org/
难易程度	难

(2)

类别	International Science Olympiads and Qualifying Competitions
比赛名称	International Chemistry Olympiad (IChO)
比赛中文名称	国际化学奥林匹克竞赛
简单介绍	IChO 是世界上规模和影响最大的中学生化学学科竞赛活动，每个国家队由四名学生组成，申请参赛的应该是非化学专科的普通中学的学生。由两名老师或教育工作者陪同竞赛学生，并作为竞赛的国际评判员。

	主办国要准备四种语言的竞赛题：英语、法语、德语和俄语。陪赛老师把题目译成本国语言。
比赛时间	7 月
流程	国家—世界
举办地点	越南河内(2014)、西班牙(2015)
主办方名称	国际化学奥林匹克竞赛组委会
中国办公室	否
适用学科	化学
官方链接	http://www.icho.sk/
难易程度	难

(3)

类别	International Science Olympiads and Qualifying Competitions
比赛名称	International Olympiad in Informatics (IOI)
比赛中文名称	国际信息学奥林匹克竞赛
简单介绍	IOI 是面向中学生的一年一度的信息学科竞赛。第一届国际信息学奥林匹克于 1989 年在保加利亚的布拉维茨举行。这项竞赛包含两天的计算机程序设计，解决算法问题。选手以个人为单位，每个国家最多可选派 4 名选手参加(2004 年共有 81 个国家参赛)。参赛选手从各国相应计算机竞赛中选拔。
比赛时间	6 月—7 月
报名时间	4 月—5 月
流程	国家—世界
举办地点	中国台北(2014)、哈萨克斯坦(2015)
主办方名称	国际信息学奥林匹克组委会
中国办公室	否
适用学科	信息学
官方链接	http://www.ioinformatics.org/index.shtml/
难易程度	难

(4)

类别	International Science Olympiads and Qualifying Competitions
比赛名称	International Linguistics Olympiad (IOL)
比赛中文名称	国际语言学奥林匹克竞赛

简单介绍	国际语言学奥林匹克竞赛的每道题都以全世界范围内业已经过调查的某语种语言片段为材料，为参赛者展示不同语言编码方式的差异性，并给出足量的已知信息，要求参赛者据此探求其背后的规则。
比赛时间	3 月到 5 月
报名时间	上年 9 月到 1 月
流程	国家—世界
举办地点	中国北京语言大学（2014）
主办方名称	国际语言学奥林匹克组委会
中国办公室	否
适用学科	文科语言学
官方链接	http://www.ioling.org/
难易程度	难

（5）

类别	International Science Olympiads and Qualifying Competitions
比赛名称	International Mathematical Olympiad (IMO)
比赛中文名称	国际数学奥林匹克竞赛
简单介绍	IMO 是国际科学奥林匹克历史最长的赛事。IMO 题目植根于中学数学，但在具体知识方面有所扩展，方法上有更高要求。一般来说，IMO 题目的难度较大，灵活性强，富于智巧。要解决这些问题，一般不需要参赛者具有高深的数学知识（例如微积分），但需要参赛者有正确的思维方式、良好的数学素养和基本功、坚韧的毅力以及一定的创造性。
比赛时间	7 月
报名时间	2 月
流程	国家—世界
举办地点	南非开普敦（2014）、泰国曼谷（2015）
主办方名称	国际数学奥林匹克组委会
中国办公室	否
适用学科	数学
官方链接	http://www.imo-official.org/
难易程度	难

（6）

类别	International Science Olympiads and Qualifying Competitions

比赛名称	International Physics Olympiad (IPhO)
比赛中文名称	国际物理奥林匹克竞赛
简单介绍	IPhO是中学生参与角逐的物理竞赛，作为国际科学奥林匹克竞赛的一种，国际物理奥林匹克竞赛每年举办一次。第一届于1967年在波兰华沙举行。每国派一个代表队，由5名学生选手和2位领队组成，观察员也可随队。 学生将会以个人形式进行比赛，解答理论及实验性问题。学生如果成绩优异，可获得金、银、铜牌或证书。
比赛时间	5月
报名时间	1月
流程	国家—世界
举办地点	哈萨克(2014)、爱尔兰都柏林(2015)
主办方名称	国际物理奥林匹克组委会
中国办公室	否
适用学科	物理
官方链接	http://ipho.phy.ntnu.edu.tw/
难易程度	难

(7)

类别	Science & Invention Fairs/Competitions
比赛名称	Intel International Science & Engineering Fair (Intel ISEF)
比赛中文名称	英特尔国际科学与工程大奖赛
简单介绍	“英特尔国际科学与工程大奖赛”(Intel ISEF)，素有全球青少年科学竞赛的“世界杯”之美誉，是全球规模最大、等级最高、也是唯一面向9—12年级(即初三至高三)中学生的科学竞赛。竞赛学科包括了所有自然科学和部分社会科学内容，它为全球最优秀的小科学家和发明家们提供了互相交流和展示最新科技成果的舞台。
比赛时间	5月
流程	国家—世界
举办地点	美国洛杉矶(2014)、匹斯堡(2015)
主办方名称	美国科学与公众社团 (Society for Science & the Public)，前身为科学服务社(Science Service)
中国办公室	中国技术科学协会
适用学科	行为和社会科学、生物化学、植物学、化学、计算机科学、地球与空

	间科学、工程学、环境科学、老年学、数学、医药和健康学、微生物学、物理学、交通工程、环境管理和动物学
官方链接	https://student.societyforscience.org/intel-isef
难易程度	难

（8）

类别	Science & Invention Fairs/Competitions
比赛名称	Siemens Competition in Math, Science & Technology
比赛中文名称	西门子数学科学和技术竞赛（不招收中国学生，只限美国公民）
简单介绍	这项比赛是美国首个面向中学生的科学研究比赛，目的是通过鼓励学生参与个人或者团队的研究项目来促进优秀学生的发展。该竞赛致力于鼓励通过深入细致的研究来提高学生对于科学研究意义的理解，并引导学生们考虑以后在这些学科发展并贡献自己的力量。
比赛时间	5 月—12 月
报名时间	从 5 月开始
流程	州—国家
举办地点	美国乔治华盛顿大学
主办方名称	西门子基金会
中国办公室	否
适用学科	数学、科学、技术等
官方链接	http://www.siemens-foundation.org/en/competition.htm
难易程度	难

（9）

类别	Science & Invention Fairs/Competitions
比赛名称	Intel Science Talent Search (Intel STS)
比赛中文名称	英特尔科学奖（不招收中国学生，只限美国公民）
简单介绍	“英特尔科学奖”（Intel Science Talent Search），是美国历史最悠久也最具权威的高中生科学竞赛奖项，前身是始于 1942 年的“西屋科学奖”。自 1942 年创办以来，这一赛事长期由西屋公司冠名，1998 年后才改由英特尔冠名。迄今为止，有 7 位诺贝尔奖获得者在人生履历中曾提到高中时期获得这一奖项，故有小诺贝尔奖之称。是全美公认的要求最高、最精英的高中科学研究竞赛，它吸引了那些出类拔萃的，拥有远大理想的年轻科学家们。

比赛时间	6月—次年3月
报名时间	6月—11月申请
流程	国家
举办地点	在线申请，决赛在美国华盛顿进行
主办方名称	英特尔公司
中国办公室	否
适用学科	自然科学
官方链接	http://student.societyforscience.org/intel-sts
难易程度	难

（10）

类别	Science & Invention Fairs/Competitions
比赛名称	Google Global Science Fair
比赛中文名称	谷歌全球科学竞赛
简单介绍	这项竞赛面向全球13—18岁的中学生，鼓励世界各地的孩子进行科学实验或工程项目，激发创意，挑战自己。今年是谷歌第三次举办全球谷歌科学挑战赛。这个千载难逢的机会振奋人心。如果我们中国的孩子能获奖，那会是一件多么光荣的事。获胜者不但得到丰厚的奖品，还将获得受益匪浅的人生体验。
比赛时间	2月—9月
报名时间	2月—4月
流程	国家—世界
举办地点	美国谷歌
主办方名称	美国谷歌
中国办公室	否
适用学科	理工科（科学实验，工程项目）
官方链接	https://www.googlesciencefair.com
难易程度	难

（11）

类别	Science & Invention Fairs/Competitions
比赛名称	Davidson Fellows
比赛中文名称	戴维森学者奖学金（只面向在10月1日前满18岁的美国公民或居住在美国的永久居民）

简单介绍	该奖学金为 18 岁或 18 岁以下已经取得一些成就的出色年轻人提供 5 万美元、2.5 万美元和 1 万美元三个等次的奖学金，该奖学金包含许多不同的领域，比如科学、科技、工程、数学、文学、音乐和哲学等。该奖学金每年在美国华盛顿为获奖者发放奖金。
比赛时间	每年 6 月 15 号之前公布
报名时间	每年越早越好(具体时间没有查到，2014 年申请日期已过)
流程	国家
举办地点	美国华盛顿
主办方名称	MIT
中国办公室	否
适用学科	科学、技术、工程、数学、文学、音乐和哲学等方面
官方链接	http://www.davidsongifted.org/fellows/
难易程度	难

(12)

类别	Science & Invention Fairs/Competitions
比赛名称	Lemelson-MIT Inven Teams
比赛中文名称	莱梅尔逊麻省理工发明团队
简单介绍	这个项目目的在于激励新一代的发明家，麻省理工学院发明团队是由高中学生、教育家和导师所组成的团队，每次由团队自由选择想解决的现实生活中的问题，提出技术解决方案，并把预算控制在 10 万美元以内。
比赛时间	3 月—10 月
报名时间	在线申请，每年 10 月到次年 2 月
流程	国家
举办地点	MIT
主办方名称	MIT
中国办公室	否
适用学科	发明范围在辅助设备、环保技术、消费品和国际发展等方面
官方链接	http://lemelson.mit.edu
难易程度	难

(13)

类别	Robotics
比赛名称	FIRST Robotics

比赛中文名称	FIRST 机器人大赛
简单介绍	FRC 比赛有严格的规则、有限的资源和时间限制，25 人或以上的学生团队要挑战筹集资金、设计团队品牌、磨合团队的合作能力，并组建机器人执行规定的任务与竞争对手竞赛。这是一个最接近现实世界工程的比赛。该比赛由志愿参加的专业导师指导。
比赛时间	1 月—4 月
报名时间	每年秋季申请
流程	州—国家
举办地点	密苏里州圣路易斯（2014）
主办方名称	FIRST (For Inspiration and Recognition of Science and Technology）
中国办公室	否
适用学科	理工科
官方链接	http://www.usfirst.org
难易程度	难

（14）

类别	Robotics
比赛名称	Zero Robotics
比赛中文名称	Zero 机器人大赛（不对中国开放）
简单介绍	零机器人大赛是机器人编程竞赛，在竞赛中，机器人要在国际空间站内实现 SPHERES 程序。这个比赛在网上开始，在网站上，参赛团队要对 SPHERES 进行编程来解决每年的挑战问题。在一个模拟环境里，参赛团队要模仿真实的 SPHERES，经过几个虚拟竞争阶段后，选出入围者竞争现场总冠军。
比赛时间	6 月—8 月
报名时间	1 月
流程	国家
举办地点	每年在不同的省和城市
主办方名称	MIT
中国办公室	否
适用学科	理工科
官方链接	http://zerorobotics.mit.edu
难易程度	难

（15）

类别	Robotics
比赛名称	BattleBots IQ
比赛中文名称	BattleBots IQ 全国大赛
简单介绍	BBIQ 全国大赛每年春季举行，是 BBIQ 机器人课程的高潮，学生们在课程中进行作业设计、构建和测试，把他们的想法变成一个全功能的机器人。竞争的学生来自不同的中学、学院和大学，最终由技术中心对其最终产品进行检验。
比赛时间	2 月
报名时间	上年 9 月
流程	国家
举办地点	上次在美国佛罗里达迈阿密
主办方名称	BattleBots Education
中国办公室	否
适用学科	理工科
官方链接	http://www.botsiq.org
难易程度	难

（16）

类别	Robotics
比赛名称	VEX Robotics
比赛中文名称	VEX 机器人大赛
简单介绍	VEX 机器人竞赛是全球最大和发展最快的初高中机器人项目，在全球有 10 000 多名参赛者。每年，大赛会以一个游戏的形式提出一个令人兴奋的工程挑战。学生们在他们老师和导师的指导下，组建创新型的机器人在全年各种比赛中进行竞争。除了可以学习宝贵的工程技能，学生还可以在沟通、协作、项目管理和生活技能以及批判性思维方面得到提升。
比赛时间	9 月—次年 3 月
报名时间	9 月
流程	国家—世界
举办地点	每年在不同国家不同城市举行
主办方名称	机器人教育及竞赛基金会（Robotics Education & Competition Foundation）
中国办公室	否

适用学科	理工科
官方链接	http://www.vexrobotics.com
难易程度	难

（17）

类别	Robotics
比赛名称	Botball
比赛中文名称	Botball 国际机器人大赛
简单介绍	Botball 是典型的机器人工程挑战赛，它为学生创造了一个在有限时间和有限资源的前提下解决一个贴近实际的工程问题的机会。参赛队伍需要以团队的方式完成一项机器人挑战任务，队员们需要亲自动手，利用官方提供的控制器、驱动器、传感器和结构套件搭建自主机器人（无遥控）。不仅如此，他们还需要完成一系列的工程报告。
比赛时间	次年 4 月—5 月
报名时间	12 月
流程	国家—世界
举办地点	MIT
主办方名称	MIT
中国办公室	青少年国际竞赛与交流中心 (ITCCC)
适用学科	理工科
官方链接	http://www.botball.org
难易程度	难

（18）

类别	MIT Summer Programs
比赛名称	Minority Introduction to Engineering and Science (MITES)
比赛要求	高二升高三学生（不对中国学生开放）
简单介绍	MITES 是一个密集的六周学术计划，约有 80 位打算从事科学、工程和具有创业精神的高中生参加，尤其是那些来自少数民族和其他弱势群体的高中生。在六周里，参与者要应对一些高级的学术挑战，他们能从中获得一些在日趋全球化的经济中取得成功的必要技能，并能与来自不同种族、民族、文化和社会经济背景的个人建立起关系。
项目时间	暑假
报名时间	1 月

举办地点	MIT
主办方名称	MIT
适用学科	理工科
官方链接	http://engineering.mit.edu/programs/mites

（19）

类别	MIT Summer Programs
比赛名称	Research Science Institute (RSI)
比赛要求	高中毕业生（不招收中国学生）
简单介绍	RSI 是全世界第一个免费向高中生提供科学工程技术研究的夏令营，它有效地将学生们课堂上学到的理论知识和课外科学实验结合在一起，所有学生都会独立完成一项完整的科学实践，学生们会在世界最先进的实验室开展开放式科学探究，并有机会取得一项自己原创性的科研成果。该夏令营 75% 以上的学生以后会进入 HPYMS 等名校。
项目时间	6 月—8 月
举办地点	MIT
主办方名称	MIT
适用学科	理工科
官方链接	http://www.cee.org/research-science-institute

（20）

类别	MIT Summer Programs
比赛名称	Women's Technology Program (WTP)
比赛要求	11 年级学生（不招收中国学生）
简单介绍	该项目是一项针对美国高中女生的为期 4 周的暑期学术体验活动。对那些喜欢动手动脑挑战，通过实验室解决问题的 11 年级的女生而言，麻省理工学院的女子科技计划专为她们提供基础的暑期项目探索工程。目标是激发高中女生未来在工程和计算机科学方面的学习兴趣。
项目时间	6 月—7 月
报名时间	11 月—1 月
举办地点	MIT
主办方名称	MIT
适用学科	理工科
官方链接	http://wtp.mit.edu

（21）

类别	MIT Summer Programs
比赛名称	Summer Science Program (SSP)
比赛要求	高中生
简单介绍	50 多年来，夏季科学计划的经验启发了许多有前途的青年科学家，加速了他们自身智力和社交能力的发展，并把他们推进到一个更具有挑战性和有益的生活轨迹中。这个项目的活动地点在索克罗和圣巴巴拉。在每个校园里，36 名高三学生会完成一个具有挑战性的天体力学研究项目。
项目时间	6 月—7 月
报名时间	12 月
举办地点	索克罗和圣巴巴拉
主办方名称	MIT
适用学科	理工科
官方链接	http://www.summerscience.org/home/index.php

（22）

类别	Science & Research Programs
比赛名称	BU Research Internship Program
比赛要求	高二升高三的学生
简单介绍	在杰出教师、博士后研究员、研究生的指导下，中学暑期研究实习的学生会完成一个教授设计的指定项目，学生每周工作时间要达到 40 个小时。你会在你所选择的学科范围内进行研究，并且获得宝贵的技术能力和分析能力，以及对整个科学过程的洞察力。
项目时间	6 月—8 月
报名时间	3 月
举办地点	波士顿
主办方名称	波士顿大学
适用学科	理工科
官方链接	http://www.bu.edu/summer/high-school-programs/research-internship/

（23）

类别	Science & Research Programs
比赛名称	Garcia Summer Scholars

比赛要求	16 岁以上
简单介绍	该项目为 16 岁以上的高中生提供机会，针对聚合物材料科学和生物、物理等技术的学科前沿进行共同研究。由著名科学家指导学生的研究工作，并促使学生在感兴趣的科学领域做出原创性贡献。该项目帮助学生进入全国各大科学比赛中，鼓励学生在权威科学期刊发表论文，并在全国会议上介绍他们的成果。Garcia 的目标是激励学生在科研生活中体验兴奋和激情。
项目时间	7 月—8 月
报名时间	2 月截止
举办地点	纽约大学石溪分校
主办方名称	——
适用学科	理工科
官方链接	http://polymer.matscieng.sunysb.edu/hs.html

（24）

类别	Science & Research Programs
比赛名称	Baylor University Summer Science Research Program (BuSSRP)
比赛要求	贝勒大学的新生
简单介绍	贝勒大学的夏季科学研究计划通过与贝勒大学科学教授一起在不同学科中开展研究项目，使学生们获得更多的动手经验。这个暑期计划的参与者是从将要进入贝勒大学的新生中选拔的，而且这些学生通过这个项目可以获得大学学分。这个项目希望这些经验对学生在科学学科的职业兴趣方面产生积极的影响，同时允许他们制订自己的大学生研究计划。
项目时间	7 月—8 月
报名时间	3 月
举办地点	贝勒大学
主办方名称	贝勒大学
适用学科	理工科
官方链接	http://www.baylor.edu/summerscience/

（25）

类别	Science & Research Programs
比赛名称	High School Honors Science, Math and Engineering Program (HSHSP)

比赛要求	11 年级的学生
简单介绍	HSHSP 项目的目标不仅是让参与者熟悉研究的过程，更重要的是提供一个正确的社会背景环境使参与者的知识和专长能更好地发展。这个项目的目标不是创造出获奖的项目（虽然这是经常发生的），而是为参与者提供一个机会，使他们能够在科学和数学方面获得更加丰富的知识和更加灵活的思维，同时能够获得持久的友谊。
项目时间	6 月—8 月
报名时间	12 月—3 月
举办地点	密歇根州立大学
主办方名称	密歇根州立大学
适用学科	理工科
官方链接	http://education.msu.edu/hshsp/

（26）

类别	Science & Research Programs
比赛名称	International Summer School for Young Physicists (ISSYP)
比赛要求	高二或高三学生（16—18 岁）
简单介绍	ISSYP 是一个令人兴奋和具有挑战性的项目，为那些对理论物理具有浓厚兴趣并打算在大学继续进行物理研究的加拿大和国际高中学生提供的一个为期两周的计划。
项目时间	7 月
报名时间	12 月中旬—3 月
举办地点	加拿大滑铁卢
主办方名称	Perimeter Institute for Theoretical Physics
适用学科	物理
官方链接	https://perimeterinstitute.ca/outreach/students/programs/international-summer-school-young-physicists

（27）

类别	Science & Research Programs
比赛名称	Student Training Program (SSTP)
比赛要求	10—11 年级的学生
简单介绍	SSTP 是爱荷华大学的 Belin-Blank 天才教育和人才发展中心的项目。这个项目为学生提供独特的学术和社会经历。学生们在导师的指导下进行科学研究，学生每周要在实验室工作大约 40 个小时。

项目时间	6 月—7 月
报名时间	11 月—3 月
举办地点	爱荷华大学
主办方名称	爱荷华大学
适用学科	理工科
官方链接	http://sstpuiowa.wordpress.com

（28）

类别	Science & Research Programs
比赛名称	Stanford Institutes of Medicine Summer Research Program (SIMR)
比赛要求	高二或者高三学生
简单介绍	该项目是一个为期八周的计划，邀请高二或高三学生参与斯坦福大学教授、博士后、学生和开展医学项目的研究人员进行的基础研究。该计划针对的是对生物科学和医学领域有兴趣的高中生，帮助学生了解科学研究，提高科学研究中学生研究人员的多样性。
项目时间	6 月—7 月
报名时间	12 月—2 月
举办地点	斯坦福大学
主办方名称	斯坦福大学
适用学科	医药学
官方链接	http://simr.stanford.edu

（29）

类别	Science & Research Programs
比赛名称	Student Science Training Program (SSTP)
比赛要求	高二或高三学生
简单介绍	SSTP 是一个为期七周的项目，参加者主要是想在医学、数学、计算机、科学或工程方面发展职业的高二或高三学生。这个计划的重点是能够加入 UF（佛罗里达大学）的科学家研究小组并和他们一起进行研究。学生要参与每星期 28 小时的研究，并且参加一个关于当前研究课题的系列讲座，并参与 UF 的研讨课。
项目时间	6 月—7 月
报名时间	12 月—2 月
举办地点	佛罗里达大学
主办方名称	佛罗里达大学

适用学科	理工科
官方链接	http://www.cpet.ufl.edu/students/sstp/

（30）

类别	Math Summer Programs
比赛名称	AwesomeMath
比赛要求	6—11 年级的学生
简单介绍	这是一个为期三周的集中夏令营，参加者是来自世界各地有数学天赋的学生。适合那些尚未达到奥林匹克水平的学生以及那些希望扩展他们在一些项目，例如数学学会中所学知识的学生。
项目时间	6 月—8 月
报名时间	2 月—4 月
举办地点	得克萨斯大学达拉斯分校，康奈尔大学，伯克利大学
适用学科	数学
官方链接	https://www.awesomemath.org

（31）

类别	Math Summer Programs
比赛名称	Canada/USA Mathcamp
比赛要求	13—18 岁
简单介绍	该项目是一个针对有数学天赋的高中生的暑期课程，为期五周的密集数学训练，旨在开启学生们先进的数学思想和思维方式。这是一个充满活力的社区，数学天才们聚集在这里，分享他们的学习经验。在这里学生会学到大学生，甚至研究生层次的课程，同时提高解决问题的能力，这将帮助他们培养将来从事数学和任何科学领域的兴趣。
项目时间	7 月—8 月
报名时间	Early Action 3 月截止；Regular Action 4 月截止
举办地点	路易克拉克大学（2014）
主办方名称	Mathematics Foundation of America
适用学科	数学
官方链接	http://www.mathcamp.org

（32）

类别	Math Summer Programs

比赛名称	Hampshire College Summer Studies in Mathematics (HCSSiM)
比赛要求	高中生
简单介绍	HCSSiM 是一个为高中数学天才举办的为期六周的暑期项目。参与者每天大部分时间都在进行数学学习和经验分享。从周一到周六的每天早上，学生们要参加历时 4 个小时的课程，晚上进行问题研讨会。下午学生们主要是休息、娱乐和开展一些非正式的学习活动。学生们和教师在正式和非正式的环境中一起合作，并且建立了长久的友谊。
项目时间	6 月—8 月
报名时间	3 月之前
举办地点	罕布什尔学院
主办方名称	罕布什尔学院
适用学科	数学
官方链接	http://www.hcssim.org

（33）

类别	Math Summer Programs
比赛名称	Honors Summer Math Camp (HSMC)
比赛要求	9 年级或是 10 年级的学生
简单介绍	HSMC 是一个集中的多暑期项目，主要针对热爱数学的高中学生，该计划的目标是建立一个独特的学习环境，通过身临其境和深入的体验开发各种背景的青年人才。学生可以获得许多技能，帮助他们未来在不同方面发展自己的职业生涯，例如数学、科学、工程和许多其他领域。
项目时间	6 月—7 月
报名时间	1 月—4 月
举办地点	密歇根州立大学
主办方名称	密歇根州立大学
适用学科	数学
官方链接	http://www.txstate.edu/mathworks/camps/hsmc.html

（34）

类别	Math Summer Programs
比赛名称	MathILy
比赛要求	14—17 岁高中生

简单介绍	这是一次为期五周的数学之旅，专门为那些对数学有永不满足的好奇心并在学习方法上又有创造性和热情的学生准备的。期望参与者来自美国各地和世界各地。这是一个量身定制的计划，参加者们可以收获知识和乐趣，同时个人得到成长。
项目时间	6 月—8 月
报名时间	4 月截止
举办地点	布尔茅尔学院
主办方名称	布尔茅尔学院
适用学科	数学
官方链接	http://www.mathily.org

（35）

类别	Math Summer Programs
比赛名称	Program in Mathematics for Young Scientists (PROMYS)
比赛要求	14 岁以及 14 岁以上的高中生
简单介绍	PROMYS 是一项为期六周的暑期计划，目的是激励高中生对数学领域有更高的追求，项目的参与者中有同行、顾问、数学家以及来访的科学家。这个项目是在 1989 年由格伦·史蒂文斯教授及其他教职员等一起创立的。
项目时间	6 月—8 月
报名时间	Early Application 3 月截止；Regular Application 4 月截止
举办地点	波士顿大学
主办方名称	波士顿大学
适用学科	数学
官方链接	http://www.promys.org

（36）

类别	Math Summer Programs
比赛名称	The Ross Mathematics Program
比赛要求	14—18 岁
简单介绍	罗斯计划的目标是指导对数学有兴趣的聪明年轻学生，激发他们去发现抽象的想法是重要的并且也是有价值的。第一年，参加者们要学习数学理论等基本课程。对于大多数学生来说，这是他们第一次被要求从整体的角度考虑一个新问题，并且运用他们没有见过的方法来证明每一个答案。
项目时间	6 月—7 月

报名时间	3 月—4 月
举办地点	俄亥俄州立大学
主办方名称	俄亥俄州立大学
适用学科	数学
官方链接	http://www.math.ohio-state.edu/ross/

（37）

类别	Math Summer Programs
比赛名称	Stanford University Mathematics Camp (SUMaC)
比赛要求	10—11 年级的学生（15—17 岁）
简单介绍	这个项目是专为处于高中第十年级和第十一年级、并且对数学有特殊兴趣和具备相关能力的学生准备的。专门为那些尝试挑战数学和那些如痴如醉追求数学的学生提供一个良好的环境，使他们在学习数学和享受数学带来的快乐的同时，增进彼此之间的关系和促进智力的开发。
项目时间	7 月—8 月
举办地点	斯坦福大学
主办方名称	斯坦福大学
适用学科	数学
官方链接	http://mathematics.stanford.edu

（38）

类别	State Governor's Schools
比赛名称	Governor's Schools Directory
比赛要求	高中生
简单介绍	这个项目的历史可以追溯到 1963 年，北卡罗来纳特里·桑福德州长为有天赋的学生建立了第一个可安排住宿的学生暑期项目。在接下来的几年中，其他州的州长也开始关注创新和非传统学习方法，他们使用各种方法来发展有潜力的学生。这样一来，Governor's School 就建立起来，其中包括阿肯色州、肯塔基州、密西西比州、密苏里州、新泽西州、纽约州、宾夕法尼亚州、南卡罗来纳州、田纳西州等。
项目时间	6 月—8 月
报名时间	每个州的具体时间不一样
举办地点	每个州的举办地点不一样
主办方名称	The National Conference of Governor's School
适用学科	不同学科

官方链接	http://ncogs.org/index.php/programs-by-state

(39)

类别	Other Summer Programs at MIT
比赛名称	MIT Launch
比赛要求	高中生
简单介绍	MIT Launch 是一个适用于高中学生的 4 周创业计划，在项目中，高中生会以企业家的身份来完成创业项目。
项目时间	6 月—8 月
报名时间	——
举办地点	MIT
主办方名称	MIT
适用学科	商业
官方链接	http://www.launchsummer.org

(40)

类别	Other Summer Programs at MIT
比赛名称	LLRISE: MIT Lincoln Laboratory Radar Introduction for Student Engineers
比赛要求	高三学生（不招收中国学生）
简单介绍	LLRISE 是一个为期两周的夏季项目，会教学生如何构建小型雷达系统。参与者是高中三年级的优秀学生，他们将会在构建小型雷达系统方面获得丰富的经验。参与者将运用创造性的解决方法来构建一个多普勒远程雷达。学生将在最先进的实验室与才华横溢的科学家和工程师一起工作。
项目时间	7 月
报名时间	3 月—4 月
举办地点	MIT
主办方名称	MIT
适用学科	理工科
官方链接	https://www.ll.mit.edu/outreach/LLrise.html

(41)

类别	Other Summer Programs at MIT
项目名称	OEX: Ocean Engineering Experience

比赛要求	11 年级—12 年级的学生（不招收中国学生）
简单介绍	OEX 夏季学术课程适合第 11 或第 12 年级的学生，是一个为期两周的项目。OEX 参与者通过动手设计和制作获得海洋工程领域的丰富经验，他们在麻省理工学院的校园里一起生活、学习和工作，一起解决现实世界中的工程挑战问题。
项目时间	6 月—8 月（2014 年没有举办）
报名时间	2015 年的报名时间还没有公布
举办地点	MIT
主办方名称	MIT
适用学科	海洋工程
官方链接	http://seagrant.mit.edu/oex.php

（42）

类别	Other Summer Programs at MIT
项目名称	OSC：Oxford Study Courses
比赛要求	高中生、大学生
简单介绍	OSC 是一个设立在英国牛津的社会企业。自 1990 年以来一直支持拥有国际文凭的学生和学校，来自世界各地的 450 所学校的学生参加了 OSC 的国际文凭修订课程。
项目时间	3 月—4 月（上海）
举办地点	英国：剑桥，牛津 美国：哈佛，MIT 中国：上海德威英国国际学校 澳大利亚：南威尔士，悉尼，墨尔本
主办方名称	OSC（英国牛津）
适用学科	各个学科
官方链接	http://www.osc-ib.com/ib-courses/

（43）

类别	Other Summer Programs at MIT
项目名称	ID Tech Camps
比赛要求	13—17 岁

简单介绍	在 ID Tech 夏令营有许多为青少年准备的课程。参与者可以开发一个新的应用程序，创建一个视频游戏，学习编程、网站开发或制作电影。为期一周的夏令营包括集中的个性化技术指导以及各种有趣的活动。在一个受监督的环境下，参加者们一起学习，彼此交流，并且能够从充满活力和技术娴熟的教师那里得到启发，获得 21 世纪要求的必要科学技能。
项目时间	不同课程的时间不一样（6 月—8 月）
报名时间	在线申请
举办地点	全美 80 个大学校园
主办方名称	ID-Tech
适用学科	科技
官方链接	http://www.idtech.com

（44）

类别	Build Awesome
项目名称	MAKE
简单介绍	如果你有很好的想法和创意，这个网站可以帮你把想法转化为实物。
官方链接	http://makezine.com

（45）

类别	Build Awesome
项目名称	Instructables
简单介绍	如果你有很好的想法和创意，这个网站可以帮你把想法转化为实物。
官方链接	http://www.instructables.com

（46）

类别	Build Awesome
项目名称	Adafruit
简单介绍	如果你有很好的想法和创意，这个网站可以帮你把想法转化为实物。
官方链接	http://www.adafruit.com/index.php?main_page=tutorials

（47）

类别	Build Awesome
项目名称	MITERS
简单介绍	如果你有很好的想法和创意，这个网站可以帮你把想法转化为实物。

官方链接	http://miters.mit.edu

（48）

类别	Online Classes & Enrichment（在线课程）
项目名称	Open Course Ware
简单介绍	它为用户提供开放式访问的教学大纲、讲义、课程日历、习题和解答、考试、阅读书目，甚至是精选的视频讲座。它有多达 34 个不同专业的课程。
官方链接	http://ocw.mit.edu/index.htm

（49）

类别	Online Classes & Enrichment（在线课程）
项目名称	Highlights for High School
简单介绍	如果你需要缩小选择范围，你可以查看这个网站上的开放式课程，这些精选的课程专门用于帮助高中学生。
官方链接	http://ocw.mit.edu/high-school/

（50）

类别	Online Classes & Enrichment（在线课程）
项目名称	Khan Academy
简单介绍	由麻省理工学院校友萨尔曼·可汗创办，是一个介绍不同科目的实用性在线资源。
官方链接	http://www.khanacademy.org

（51）

类别	Online Classes & Enrichment（在线课程）
项目名称	CTYOnline
简单介绍	更结构化的在线环境，功能更像传统的教室，可能会有家庭作业、聊天工具、讲师提供指导和等级分数划分等程序。参加者可以通过这些程序来获得高中（有时是大学）的学分。
官方链接	http://cty.jhu.edu/ctyonline/index.html

（52）

类别	Online Classes & Enrichment（在线课程）
项目名称	Virtual High School

简单介绍	更结构化的在线环境，功能更像传统的教室，可能会有家庭作业、聊天工具、讲师提供指导和等级分数划分等程序。参加者可以通过这些程序来获得高中（有时是大学）的学分。
官方链接	http://thevhscollaborative.org

（53）

类别	Online Classes & Enrichment（在线课程）
项目名称	EPGY
简单介绍	更结构化的在线环境，功能更像传统的教室，可能会有家庭作业、聊天工具、讲师提供指导和等级分数划分等程序。参加者可以通过这些程序来获得高中（有时是大学）的学分。
官方链接	http://epgy.stanford.edu

（54）

类别	Online Classes & Enrichment（在线课程）
比赛名称	Art of Problem Solving (APS)
简单介绍	主要针对擅长数学的学生
官方链接	http://www.artofproblemsolving.com

02 精英背景提升案例赏析

上文中，我们列举了美国名校（特别是常春藤名校）录取时所青睐的国际比赛。下面我们将通过几个典型真实案例，解读这些国际比赛是如何有助于学生申请的，还原以下学生的申请全程。

众所周知，美国拥有全球最先进的高等教育机构，因此每年向美国院校提出入学申请的学生不计其数。而美国高校对申请者的基础及学术能力非常看重，学生除了需要较高的学习成绩之外，如果能够有自己的实践成果及亮点，对申请是非常有利的。近年来，自本科起便打算留学美国的学生人数不断增加，并且每年申请美国名校的中国高中生也不在少数，而申请硕士及博士学位的学生同样比比皆是。由于美国名校在全球留学生的心目中处于炙手可热的地位，申请难度与竞争的激烈程度也是不言而喻的。因此在确定要申请美国名校的意向目标后，我们还需要通过背景提升的方法来强化同学们的个人背景。接下来，我将通过剖析几个典型真实案例，来展示精英背景提升是如何帮助同学们提升并最终取得名校 offer 的。

01 陈同学（高中生）被美国三所名校录取实例

首先我们来看一下在 2012 年 8 月签约的陈同学，陈同学就读于浙江省某重点高中，在 2012 年 8 月签约时，他正在读高中二年级，在校成绩排名为 16 名左右，托福成绩为 99 分。由此可见，该同学的总体成绩属于中等偏上，同时表明他也有不错的英语基础。但是当时签约的时候，他并没有选定意向专业，而且如果申请美国排名前十的大学，他的语言成绩离前十名的要求还有一点差距。陈同学在签约之后，通过与留学辅导师的深度交流，最终选定了计算机相关专业，我们也根据学生的实际情况，为他安排了一系列“背景提升规划”。结合陈同学选定的专业，我推荐他在以后的时间里除了准备语言成绩之外，也参加如下几个项目：“Future City”（未来之城）项目，“AMC12”（国际数学竞赛）项目，“RoboRAVE”（国际机器人大赛）项目，“IGEM”（国际遗传机器大赛）项目，NGO 暑期志愿者活动。

具体来说，第一个“Future City”项目，内容主要是：首先，参与的选手以团队形式参加比赛，利用模拟城市软件，建立未来城市的软件模型；接下来再利用可回收材料，构建桌面大小的城市实物模型；最后，撰写一篇解决工程问题方面的论文。从项目的内容上，我们可以看出，通过该比赛，参赛者可以展示出自身良好的动手能力、团队协作能力、分析规划能力以及论文撰写能力，尤其是对于申请计算机专业的学生来说，该比赛可以展现出学生在利用计算机解决问题方面的兴趣，这对于有计算机专业申请意向的同学来说，是一个非常不错的机会和选择。

第二个“AMC12”（国际数学竞赛）项目的情况是这样：AMC 是一个首字母缩略词，它是 American Mathematics Competition 的简称，与 AMC 相关的项目同时还包括“AMC8、AMC10、AMC12、AIME、USJMO、USAMO”等等一系列的学习活动。“AMC12”更有针对性，它是专门针对高中生的数学测验。“AMC12”不仅可以激发学生对数学的兴趣，还可以挖掘学生的数学才能，与此同时，在地区及本地得最高分的学生及所在学校都会被编印出来，MAA 总部每年都会将这些成绩的评比编列成册，所以 AMC 的成绩极具权威性。我们都明白这样一个道理：对于申请理工科的学生来说，数学成绩是基础也是核心，如果可以在 AMC 竞赛中取得一个好成绩，那么同学们将会在计算机专业的申请中更具竞争力。

第三个“RoboRAVE”（国际机器人大赛）项目，由 Intel 公司主要赞助和支持，参与该项目的选手以团队形式参赛，通过设计、搭建并用电脑编程控制全自主机器人来完成比赛任务。项目过程中的选择优势也随之而体现：参赛选手需要通过电脑程序来完成比赛，所以可以为选手打下坚实的计算机基础；如果学生有该比赛的参赛经历，不仅提高了自身的计算机水平，而且可以体现出学生在计算机方面的潜力和兴趣，从而提升学生在申请过程中的竞争力。

第四个“IGEM”（国际遗传机器大赛）项目的情况是这样：IGEM 也是一个首字母缩略词，它是 International Genetically Engineered Machine Competition 的简称，该项目是全球范围内第一个面向高中生的生物合成竞赛，通过利用标准生物 DNA 元件或新设计的元件组装出真正的生物系统，并令其在活体细胞中工作来完成竞赛的整个环节。同学们在此过程中可以提高工程设计、批判和逻辑思维、分析与解决问题等的能力，同时也激励和提升了参赛同学对生物学、计算机科学和数学的兴趣，这可以为那些即将进入计算机与信息、自动化、生命科学、数学等领域的学生打下坚实的学术基础。

第五个NGO暑期志愿者活动的情况是这样：NGO是“Non-Governmental Organizations”（非政府组织）的简称，NGO的志愿者是指国际性大型活动、非营利组织等机构的志愿者，可参加中华少年儿童慈善救助基金会、联合国纽约总部、乐施会等组织的活动以及一些义工活动。与前四个项目相比，虽然这些活动对学生学术方面的专业帮助稍弱一些，但是参与国际性的大型志愿者活动，一来可以开拓学生眼界，二来可以培训学生的爱心。志愿者或者义工活动是国外大学比较看重的活动，因为可以体现出学生的爱心以及社会责任感等，因此此类活动可以在同学们的申请过程中起到锦上添花的作用。

刚才同学们已经了解了五个项目各自的内容及选择理由，那么我们再来看看，陈同学参与这五个项目的时间分配情况。总体来看，在2012年8月至2013年8月这段时间里，陈同学都在准备自己的语言考试，与此同时，陈同学逐步地、分时间段地完成了这五个项目的参与，也就是说，陈同学一边准备着自己的语言考试，一边参与了这五个项目，从时间上看这两者是同步进行并且互不冲突的。下面我们来看一下陈同学的具体执行情况：首先，在2012年8月份，陈同学开始准备自己的托福考试，9月份的时候报名参加了第一个项目，也就是“Future City”（未来之城）项目，紧接着10月份参加了“AMC12”（国际数学竞赛）项目的前期培训班，之后在11月份提交了第一个项目的相关参赛方案。在2012年年底他同时完成了这两个项目中50%的任务，也就是说，陈同学12月份已经正式报名参加第二个项目“AMC12”（国际数学竞赛）的考试以及进入第一个项目“未来之城”的资格赛阶段。下面我们再来看一下陈同学2013年的进度安排情况：在2013年伊始，陈同学参加了SAT1考试，并报名参加了第三个项目“RoboRAVE”（国际机器人大赛）。在接下来的2月份，陈同学的“档期”相对充实一些了，他在2月份进入了刚才所说的“RoboRAVE”的资格赛阶段，与此同时，陈同学还要参加“AMC12”的最终考试。到这里，陈同学参与项目二的任务业已圆满完成。在3月份，陈同学报名参加了第四个项目“IGEM”（国际遗传机器大赛），两个月之后，也就是在5月份，陈同学又参加了SAT 2考试，同时进入了“RoboRAVE”的国际赛阶段，一个月后得到了“IGEM”的题目，并在随后的7月份确认参赛。在即将到来的8月份，陈同学又参加了“RoboRAVE”（国际机器人大赛）的国际夏令营活动。在9月至11月期间，陈同学开始正式准备自己的整套申请材料，在10月份的时候，陈同学还参加了“IGEM”的中国区比赛。到这里，陈同学参加过的所有学术类项目活动告一段落。

上述内容是陈同学五个项目的参与执行情况，接下来我们再来看一下，通过这五个项目，陈同学的学业收获又是一番怎样的景象呢？首先，陈同学的托福成绩已取得108分，他的SAT1是2 350分，SAT2是2 250分。他之前参加的五个项目的学业成果情况是这样：他的第一个项目“Future City”(未来之城)已进入了全球总决赛;他所参加的第二个项目“AMC12”(国际数学竞赛)最终获得了96分的好成绩;他的第三个项目“RoboRAVE”(国际机器人大赛)已进入全球总决赛的阶段;他的第四个项目“IGEM”(国际遗传机器大赛)正在进行中国区的比赛。说到这里,我们最后再来看一下他所收到的offers:卡内基梅隆大学(CMU)、伊利诺伊大学(UIUC)、密歇根大学安娜堡分校(Umich Ann Arbor)的计算机专业本科录取通知书。这样的收获想必是万千留学生梦寐以求的一个结果。

下面我们再来对陈同学的录取结果做一个全方位的分析。总体来说,从录取结果来看,陈同学所获得的三个offer,都是全美计算机专业排名前十的大学,我们可以认为这是一个非常理想的结果;从陈同学的学业满意度上来说,他的托福和SAT考试都是一次通过,这为他节省出大量时间来安排其他项目;参加的未来之城和RoboRAVE项目比赛都进入了全球总决赛,所取得的比赛结果也比较理想。从陈同学自身的反馈情况上来说,项目之间无缝连接,使他这一年非常充实。这几个项目在时间上是接连进行的,他能够坚持下来也很辛苦,付出了很多努力。但是,好在陈同学的付出没有白费,他获得了非常好的回报。陈同学坦言,正是因为这一系列比赛非常有意思,所以自己才能坚持下来,在比赛中收获了很多。整个过程的公众效应是非常不错的。另外,陈同学自己也有些小小的心愿没有完成,比方说,他在AMC12的项目中排名在8%,而只有前5%的参赛者可以获得荣誉证书,所以略微有些遗憾;而IGEM项目,非常遗憾没有进入全球决赛;NGO项目由于参加其他项目没有时间,只好放弃。最终整套项目做下来,陈同学在AMC12项目中没有获得纸质荣誉证书以及IGEM项目没有进入全球决赛,而未来之城和RoboRAVE虽然进入全球决赛,但是没有最终获奖。虽然美中略有不足,但总体来说整个申请做下来是收获颇丰的一件喜事。

前阵子看到一个段子:“我小时候总是纠结长大以后是去清华还是北大,后来发现,其实我当时是多虑了。”看似像一则诙谐的幽默,而实际上则反映出我们国人对于大学排名所存有的普遍观念。

被美国排名前十的计算机学校录取,难度是非常大的。当同学们在寻找一个顶尖专业的时候,会先看学校的研究质量和院校声誉。如果能找到一个声誉良好的学校,那么留学的价值就会因为院校的光环而增加。对我们中国人来说,选学校就跟买房子一样,重要的是排名和声誉。最近很多人问去美国学计算机选什么学校比较好,在我看来,这个问题的答案远非推荐几个学校那么简单。就好像你问巴菲特买哪只股票会赚钱,他也不会直接告诉你一样。知道选学校的原则远远比去哪所具体学校更重要。而要想进入美国排名前十的计算机学校就读,即便是语言成绩达到了托福110的水平,也不一定就一定会被录取,因为竞争实在是太激烈了。由于对国外大学的申请流程、招生模式和理念缺乏了解,申请者在申请过程中会遇到非常大的困难,尤其是对美国排名靠前的大学来说,他们的人才筛选制度是目前世界上最科学最先进的,非常灵活和人性化。如果我们依然采用之前的固定思维模式去申请美国高校,那么结果可想而知了。尤其在个人学术能力的背景积累方面,与西方发达国家的申请者相比,国内申请者的差距还是很明显的。而我们背景提升项目的最大优势是能够以专门的信息、知识和经验为资源，针对不同的学生需求提供留学过程中的问题解决方案或决策性建议，从而帮助申请者最高效地实现自己的申请目标。如果通俗地说就是：用专业的经验和视角带领学生以“两点间直线距离最短”的申请思路，帮助同学们圆梦。精英背景提升活动帮助许多同学获得了理想院校的 offer。

02 李同学（高中生）被美国哥伦比亚大学录取实例

下面我们再来看一下第二个案例。该同学的个人基本信息是这样：做申请的时候他正在读高中二年级，拟出国留学的时间是在2013年的秋季，当时他的语言成绩是托福99分，他的意向申请目标是美国排名前十位高校的计算机专业。他现有的申请条件主要有三方面的个人优势：第一，李同学属于高中生申请本科的范畴，没有专业门槛的限制；第二，从李同学目前学习表现来看，他属于学习能力比较强的学生；第三，从刚才他已有的托福成绩中也可以看出，他的英语基础也是比较不错的。但是李同学目前也存在着一些问题：第一，要想实现申请目标，他的语言成绩还亟待提高；第二，他的学习能力还没有完全转化到纸面上，也就是说，李同学的学习潜能还没有得到充分的展现。这些都是李同学在他的申请之路上必须扫清的障碍。

针对李同学现有的情况与自身条件，我们为其制订了详细而具体的背景提升实施方案：在方案目标方面，我们决定帮助李同学通过一系列的背景提升项目运作，提高李同学在理工科领域的学术水平，丰富其在数学竞赛方面的学习经历，保证让李同学在美国排名前十五名的大学的计算机专业中，至少获得其中一所高校的 offer。针对刚刚为李同学打造的方案目标，我们打算将具体的操作点落在这几个项目上：第一，未来之城项目活动；第二，RoboRAVE（国际机器人大赛）项目；第三，IGEM（国际遗传机器大赛）项目；第四，AMC12（国际数学竞赛）项目；第五，让李同学顺利发表相关的文章。完成方案目标的前提是李同学的语言成绩，即托福要达到 110 分以上，SAT1 要达到 2 300 分以上，SAT2 要达到 2 300 分以上。

刚才我们已经为帮助李同学实现申请目标制订了一系列的操作计划，现在我们再来看看李同学参与这几个项目的时间分配情况：在 2011 年 9 月至 2012 年 9 月这段时间里，李同学首先要准备自己的语言考试，从目前的情况来看，李同学的托福成绩已经达到了 99 分，这对整个申请的操作来说是一个非常不错的开始，但是李同学需要完成的任务是托福考到 110 分，因此他在语言成绩方面还需再接再厉。与此同时，李同学还需要准备一系列的 SAT 考试，SAT1 和 2 同时达到 2 300 分以上。在这里需要向他说明的是，如果李同学截至 2012 年 9 月仍然没有获得上述相应的成绩，需要提前与我们联系。在 2011 年 9 月至 2012 年 2 月这段时间里，我们推荐李同学参加未来之城的项目，这个项目主要是面向 6—8 年级的青少年，来自全球的参赛团队在国际教师和专业指导者的帮助下建立未来的城市模型。参赛的学生团队将使用模拟城市（SimCity4）软件建立城市的软件模型，并利用可回收材料构建一个桌面大小的实物模型，同时还要研究并撰写一篇解决工程问题的论文，并在每年 1 月的地区比赛上向评委阐述自己的想法。该项目每年的决赛都在美国华盛顿特区举行，我们负责帮助参赛的同学进行相关的学习、报名以及组队等一系列环节，并由专业老师指导学生在中国区比赛并获奖以及获得全球决赛的参赛资格。也就是说，我们会帮助李同学获得未来之城项目中国区比赛的相应奖项以及该项目邀请他参加全球决赛的参赛证书。

在 2011 年 10 月至 2011 年 12 月这段时间里，我们将帮助李同学进行专利文章发表的运作。首先，我们从李同学的个人简历中得知，在校期间李同学曾有过小发明的创造经历，我们可以把这些小发明进行包装并申请相关的专利。在此过程中，我们将会为李同学提供专利写作指导以及专利修改的意见，并帮助李同学最终获得专利证书。在这里需要说明的是，李同学与我们将争取在两个月的时间内完成专利的写作，但是专利的审核及审批的时间需要 8 个月的时间。在 2011 年 10 月至 2012 年 2 月这段时间里，李同学还将参加 AMC12 数学竞赛项目，AMC12 是全球最有影响力的一项国际比赛，是专门针对高中生设置的数学竞赛。由于 AMC12 的测验范围涵盖了许多知识和多项能力，因此成绩的层级也非常明显。以荣誉证书（Honor Roll）来说，成绩在 100 分以上或者更准确地来说是成绩排在全球考生的前 5% 才有可能获得荣誉证书。我们主要协助李同学报名该项比赛，并对李同学进行相应的考前辅导，指导李同学进行考前练习，争取获得 100 分以上的成绩。在这里需要说明的是，AMC12 的竞赛时间是在每年的 2 月份，但是需要 3 至 4 个月的考前准备时间。比赛结束后，李同学的学业收获便是 AMC12 项目的参赛证明，李同学需凭个人能力来争取荣誉证书。

此外，在 2012 年 1 月至 2012 年 8 月这段时间里，李同学还将参加 “RoboRAVE”（国际机器人大赛）项目，这是一项由 Inter 公司主要赞助和支持的国际机器人竞赛，它在美国已经有 11 年的历史，每年吸引数千名学生参加。在竞赛中，学生主要以团队的形式参赛，设计、搭建并用电脑编程控制全自助机器人完成比赛任务。所有的竞赛项目，参赛选手都需要通过电脑程序来完成，所以通过参与该项目可为选手打下坚实的计算机基础。在此过程中，我们主要协助李同学进行组队和报名，并对李同学进行相关的赛前指导，使李同学在中国赛区获奖，并帮助李同学争取获得全球总决赛的参赛机会。也就是说，我们将帮助李同学取得 “RoboRAVE”（国际机器人大赛）中国区的奖项，并争取使他获得总决赛的参赛资格。

在 2012 年 3 月至 11 月这段时间里，李同学还将参加 “IGEM”（国际遗传机器大赛）。IGEM(International Genetically Engineered Machine Competition) 是全球范围内第一项面向大学生和高中生的综合生物学竞赛，该竞赛的核心内容为：让每支参赛的学生队伍通过使用官方所提供的标准生物 DNA 元件或自己设计的新元件来组装出真正的生物系统，并令其在活体细胞中工作。在参赛过程中，IGEM 项目竞赛旨在培养学生的探究学习、工程设计、批判和逻辑性思维、分析问题与解决问题的能力，激励和提升学生对生物学、计算机科学和数学的兴趣，为即将进入计算机与信息、自动化、生命科学和数学等领域的青少年打下坚实的学术基础。由于 IGEM 具有较高的学术水准，因此对中学生来说，如果自发组织参赛的话具有相当大的难度。因此，针对这一瓶颈，我们将负责协助李同学组队和报名，同时提供必要的培训和设备，以帮助李同学完成项目并参加全球大赛。也就是说，李同学参与该项目的学业收获将是 IGEM 全球大赛参赛资格。

2012 年 7 月至 8 月期间举办的 NGO 暑期志愿者活动的主要情况是这样：NGO(Non-Government Organizations) 是指非政府组织，NGO 的志愿者是指国际性大型活动、非营利性组织等机构的志愿者。从以往的组织经验来看，有助于申请者拿到 offer 的志愿者活动包括：中华少年儿童慈善救助基金会、联合国暑期实习生、乐施会等。已经开始合作的大型志愿者活动有：2014 年巴西世界杯、2014 年中国网球公开赛、2015 年米兰世博会等。根据上述情况来看，我们主要负责为李同学安排好他所选择的志愿者活动，并最终成行。这里需要特别说明的是，因为距离李同学参加活动还有一年的时间，根据以往的经验，具体活动详情可能会有所变动。另外，如果李同学参加以上若干比赛并顺利进入全球大赛的话同样也会出现时间上的问题，所以我们会在 2013 年 4 月的时候与李同学最终敲定志愿者活动。该活动的最终收获将是帮助李同学获得 NGO 志愿者的相关证书。

最后，在 2012 年 9 月需要李同学做好完善自己申请材料的准备。具体来说，李同学需要开始准备申请文书、材料和其他事宜。如果李同学的语言成绩没有达到要求，那么李同学需要抓紧时间重新备考。我们会帮助李同学准备一系列的申请材料，按照截止日期的要求，抓紧时间申请并协助李同学展开申请文书的写作，帮助李同学完成他的申请准备。在 2012 年 9 月至 11 月，我们将帮助李同学开始进行正式申请的环节，让李同学等待学校的后续相关面试，使李同学在 2013 年 9 月顺利入读心仪学校的心仪专业。当然，我们在李同学完成项目全程工作的这段时间内，会帮助李同学认真准备语言成绩的考试，并且督促李同学认真完成我们所安排的一系列任务与活动，双方进行及时的沟通和交流并对李同学所提出的问题和要求进行积极的反馈。在李同学积极配合我们所安排的整个申请全过程的基础上，我们将保证他至少获得一所意向学校的录取通知书，否则，我们将会退还李同学的全部费用。那么李同学的申请结果究竟如何呢？让我们用事实说话！请见来自美国哥伦比亚大学的录取通知书。(见右图)

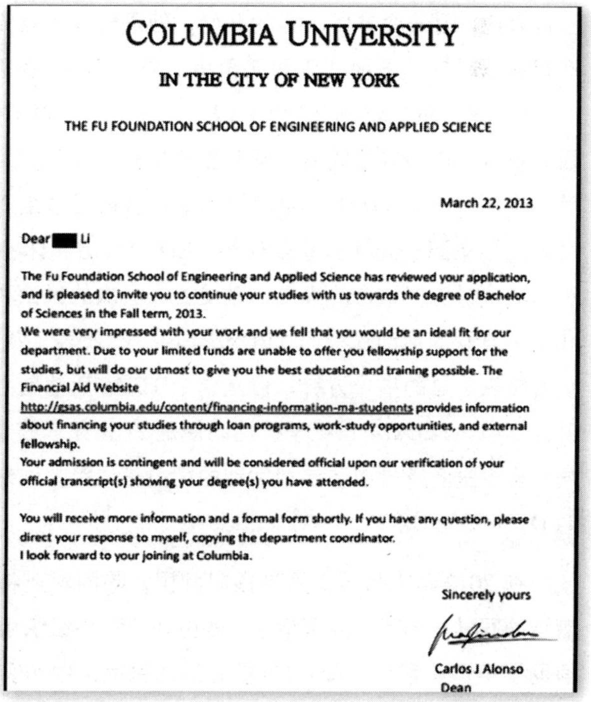

COLUMBIA UNIVERSITY

IN THE CITY OF NEW YORK

THE FU FOUNDATION SCHOOL OF ENGINEERING AND APPLIED SCIENCE

March 22, 2013

Dear [redacted] Li

The Fu Foundation School of Engineering and Applied Science has reviewed your application, and is pleased to invite you to continue your studies with us towards the degree of Bachelor of Sciences in the Fall term, 2013.
We were very impressed with your work and we fell that you would be an ideal fit for our department. Due to your limited funds are unable to offer you fellowship support for the studies, but will do our utmost to give you the best education and training possible. The Financial Aid Website http://gsas.columbia.edu/content/financing-information-ma-studennts provides information about financing your studies through loan programs, work-study opportunities, and external fellowship.
Your admission is contingent and will be considered official upon our verification of your official transcript(s) showing your degree(s) you have attended.

You will receive more information and a formal form shortly. If you have any question, please direct your response to myself, copying the department coordinator.
I look forward to your joining at Columbia.

Sincerely yours

Carlos J Alonso
Dean

03 陈同学（高中生）的美国康奈尔大学录取实例

第三个案例来自一名高二的女生陈同学。她的个人基本信息是这样：陈同学准备申请时正在读高中二年级，打算在2013年的秋季入读美国大学，她心仪的专业是社会学，并且跟上一个案例中的李同学一样，目标院校同样是美国排名前十位的大学，而她现有的托福成绩为99分。目前她现有的申请条件主要有三方面的个人优势：第一，陈同学属于高中生申请本科的范畴，没有专业门槛的限制；第二，从陈同学目前的高中学习表现来看，她属于学习能力比较强的学生；第三，从她已有的托福成绩中也可以看出，她的英语基础也是比较好的。同样，陈同学也面临着提高个人语言成绩的问题，并且还需充分挖掘自身的学习潜力。针对陈同学现有的情况与自身条件，我们为其制订了详细而具体的背景提升实施方案：在方案目标方面，通过一系列的精英背景提升项目的运作，提高陈同学在社会学领域的学术水平，让陈同学最终能够申请到美国排名前十五名大学中5—10所院校中的社会学专业，并保证陈同学至少被其中一所美国高校录取。通过刚刚为陈同学设定的目标，我们打算将具体的操作点落在这几个项目上：第一，TEDx21世纪学校活动；第二，NGO志愿者活动；第三，国际语言学奥林匹克竞赛；第四，美国常春藤名校暑期学校。完成方案目标的前提是，陈同学的语言成绩托福要达到110分以上，SAT1要达到2 300分以上，SAT2要达到2 300分以上。

我们已经为帮助陈同学实现申请目标制订了一系列的操作计划，那么我们再来看一下陈同学参与完成这五项任务的时间分配情况：在这一整年的申请周期内，陈同学需要准备好自己的语言考试。从目前的情况来看，陈同学的托福成绩已经达到了99分，这对整个申请的操作来说，是一个非常不错的开始，但是陈同学需要完成的任务是托福考到110分，因此她在提高语言成绩方面还需再接再厉。与此同时，陈同学还需要准备一系列的SAT考试，并且SAT1和2同时达到2 300分以上。在这里需要向她说明的是，如果截至2012年9月仍然没有获得上述相应的成绩，需要提前与我们联系。为陈同学量身制订的精英背景提升计划之第一个项目是TEDx21世纪学校活动，该项活动主要是通过本地化的、自组织的活动内容，将人们聚集到一起来分享类似于TED的经历和体验。在TEDx活动中，通过把演讲的视频和现场演讲者相结合的模式，激发更深层次的讨论和建立小组内更为紧密的联系。这种本地化的、自发的活动被称为TEDx，其中“x”代表了独立组织的TED活动，TED会议为TEDx项目提供了总的指导方针，但是单个TEDx活动是由当地自行组织的，在我们的精英背景提升计划中，TEDx21世纪学校活动便是21世纪学校自行组织的。在这里，我们主要负责为陈同学提供报名指导以及参加活动的相关辅导等，以求让陈同学通过参加该活动而获得相应的TEDx参赛证书。

在2012年1月至2月这段时间里，陈同学还将参加NGO的志愿者活动，NGO的志愿者活动同样是国际性大型活动，是由非营利性组织组织的志愿服务。从以往的组织经验来看，有助于申请者拿到offer的志愿者活动包括：中华少年儿童慈善救助基金会、联合国暑期实习生、乐施会等。已经开始合作的大型志愿者活动有：2014年巴西世界杯、2014年中国网球公开赛、2015年米兰世博会等。我们主要是负责为陈同学安排她所选择的志愿者活动，并最终成行。在这里需要特别说明的是，陈同学与李同学的情况有所不同，陈同学只有寒假期间才会有大块的时间参加志愿者活动，而寒假又涉及中国的传统新年，所以陈同学具体选择哪项志愿者活动，可以在2011年10月底时，根据她自己的兴趣及个人时间来与我们敲定。

在2012年1月至5月这段时间里，陈同学将参加国际语言学奥林匹克竞赛。国际语言学奥林匹克竞赛（International Linguistics Olymbiad）的每一道题目都以全世界范围内业已经过调查的某种语言片段为材料，为参赛者展示不同语言编码方式的差异性，并给出足量的已知信息，要求参赛者据此来探求其背后的规则。我们负责为陈同学报名以及组织相关的赛前辅导并帮助陈同学通过初赛。在这里需要说明的是，该竞赛的初赛是在3月份举行，而决赛将被安排在5月份，我们需要提前两个月对陈同学进行相关的赛前辅导，并最终帮助陈同学获得国际语言学奥林匹克竞赛的成绩以及决赛的证书。

在2012年7月至8月这段时间里，陈同学还将参加美国常春藤名校的暑期学校，选择参加暑期学校主要是从两方面考虑：安排陈同学在美国常春藤名校学习暑期社会学课程，一方面可以为陈同学的社会学专业申请提供支持，另一方面也可以为陈同学今后的社会学专业的学习打下坚实的基础。该项目由我们负责前期与美国加州伯克利大学商学院的联络，并最终安排陈同学前往美国，通过参与该大学的暑期学校项目而获得美国常春藤名校社会学暑期学校的成绩单。

在2012年9月，陈同学需要完成相关申请材料的准备工作。首先，陈同学需要开始准备申请文书、材料和其他事宜。如果陈同学的语言成绩没有达到要求，那么陈同学需要抓紧时间重新备考。我们会帮助陈同学准备一系列申请材料，按照截止日期的要求，抓紧时间申请并协助陈同学展开申请文书写作，帮助陈同学完成他的申请准备。在2012年9月至11月，我们将帮助陈同学开始进行正式申请的环节，让陈同学等待学校的后续相关面试，使陈同学在2013年9月顺利入读心仪学校的心仪专业。在此过程中，不排除陈同学自己由于其他因素而放弃出国，或者自身性格等原因未能与我们安排的活动组织者进行交流和语言成绩无法达到预期标准等申请风险的存在。当然，我们在陈同学完成项目的这段时间内，会帮助陈同学认真准备语言考试，并且促使陈同学认真地完成我们所安排的一系列任务与活动，双方进行及时的沟通和交流并对陈同学所提出的问题和要求进行积极的反馈。

在陈同学积极配合我们所安排的整个申请过程的基础上，申请任务完成的核心就是，利用精英背景提升项目的经验和数据指导陈同学，和她一起努力，实现“1+1＞2”的效果。简单说，精英背景提升项目的价值就是：让同学们不用天天研究那些排名靠前、专业顶级且竞争激烈的学校有什么录取风格特点，哪些方面会卡住自己的“硬件”（比方说语言成绩），哪些方面会考查自己的“软件”（比方说学术背景）；教授们有什么类型，什么特点；GRE到底重不重要，GPA、IBT、GMAT 重不重要；PS 有哪几种风格，有什么要求，自己这种情况，应该用什么风格；推荐信有什么习惯写法，什么潜规则，外国教授和实习领导到底怎么选；自己这种情况，时间怎么安排，做什么对申请最重要；套磁究竟是个什么玩意儿，谁该用，谁不该用，怎么用……把这些时间节省出来，去好好学英语，好好做活动，好好做项目。对这些参与精英背景提升计划的学生来说，这真的是一个非常好的锻炼机会，也是一个让自己非常有满足感的过程，你能意识到自己的努力和进步。比如说，拿到康奈尔大学 offer（见右图）的陈同学就是其中的一员。

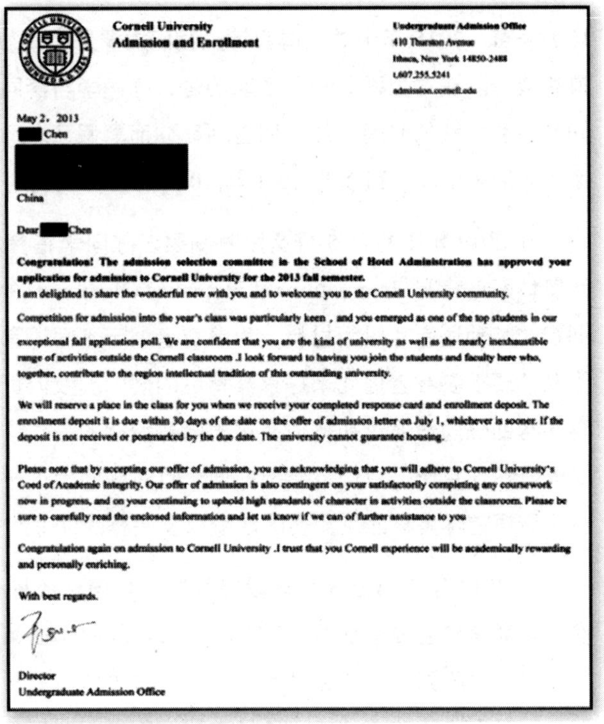
Cornell University
Admission and Enrollment

Undergraduate Admission Office
410 Thurston Avenue
Ithaca, New York 14850-2488
t.607.255.5241
admission.cornell.edu

May 2，2013
[redacted] Chen
[redacted]
China

Dear [redacted] Chen

Congratulation! The admission selection committee in the School of Hotel Administration has approved your application for admission to Cornell University for the 2013 fall semester.
I am delighted to share the wonderful new with you and to welcome you to the Cornell University community.

Competition for admission into the year's class was particularly keen , and you emerged as one of the top students in our exceptional fall application poll. We are confident that you are the kind of university as well as the nearly inexhaustible range of activities outside the Cornell classroom .I look forward to having you join the students and faculty here who, together, contribute to the region intellectual tradition of this outstanding university.

We will reserve a place in the class for you when we receive your completed response card and enrollment deposit. The enrollment deposit it is due within 30 days of the date on the offer of admission letter on July 1, whichever is sooner. If the deposit is not received or postmarked by the due date. The university cannot guarantee housing.

Please note that by accepting our offer of admission, you are acknowledging that you will adhere to Cornell University's Coed of Academic Integrity. Our offer of admission is also contingent on your satisfactorily completing any coursework now in progress, and on your continuing to uphold high standards of character in activities outside the classroom. Please be sure to carefully read the enclosed information and let us know if we can of further assistance to you

Congratulation again on admission to Cornell University .I trust that you Cornell experience will be academically rewarding and personally enriching.

With best regards.

Director
Undergraduate Admission Office

04 王同学（本科生）的美国南加州大学录取实例

让我们再来看一下硕士申请的成功案例。王同学准备申请时正在读大三，是华中科技大学计算机专业的学生，他的目标申请意向是入读美国排名前 50 院校的工科计算机方向（尤其是游戏动漫设计类专业）的硕士研究生，而主要的申请意向范围要求有两点：第一，上限要求：获得来自美国常春藤大学联盟的 offer；第二，底限要求：获得来自美国排名前 50 院校的硕士研究生录取 offer。而王同学对自己未来的规划是这样的：在语言成绩方面，王同学力争将托福成绩考到 100 分以上， GRE 争取考到 320 分以上，并同时参加我们的精英背景提升项目，为进入美国知名大学工科计算机专业继续深造而做好充分准备。目前他现有的申请优势，主要是来自他的本科院校背景以及大学期间的丰富社团经历。王同学目前就读于华中科技大学，该校的计算机专业在国内外的认可度是相对较高的，这是王同学的申请加分项。但是，王同学目前仍然有短板需要解决，例如他目前并没有参加任何托福和 GRE 的考试。对他来说，申请时间是相对紧张的。王同学的 GPA 相对较低，并且还存在挂科现象，与计算机专业相关的学术能力不足，缺乏大型知名企业的实习经历，同时也没有相关学校和专业美国教授的推荐信。针对陈同学现有的情况与自身条件，我们为其制订了详细而具体的背景提升实施方案：在方案目标方面，通过一系列的精英背景提升项目的运作，提高王同学在计算机相关领域的基础科研能力，然后利用各种成熟经历帮助其申请美国适宜学校的计算机工程、软件工程、电气工程及游戏设计等专业，保证王同学被相关专业的美国排名前 50 的大学录取。

下面我们对动漫专业进行初步分析。首先，动漫专业（Animation and Graphic Design）的培养目标是：培养具备电影、电视动画创作所需要的基础知识及理论，能在电影、电视等媒体的制作岗位上从事动画原话、动画创意设计和编导及三维电脑动画创作理论研究方面的专业人才。该专业通常设立在美国的艺术大学、专门的设计学院或者综合大学中的艺术学院以及文理学院中的艺术系，同样，也有部分院校把该专业设立在计算机科学与工程学院或者多媒体学院中。

目前开设该专业的院校有以下几所：

综合性大学	南加州大学 University of Southern California
	纽约大学 New York University
	加州大学洛杉矶分校 University of California—Los Angeles
	亚利桑那州立大学 Arizona State University
	卡耐基梅隆大学 Carnegie Mellon University
	伊利诺伊大学香槟分校 University of Illinois at Urbanna—Champaign
	康奈尔大学 Cornell University
	俄亥俄州立大学 Ohio State University
	德州农工大学 Texas A&M University
专科性艺术学院	加州艺术学院 California Institute of the Arts
	美术设计艺术学院 Art Center College of Design
	芝加哥艺术学院 School of the Art Institute of Chicago
	罗德岛设计学院 Rhode Island School of Design

当然，我们精英背景提升计划实施的前提和保证，便是王同学自身的语言成绩能够达到一个较高的水平：托福成绩达到 100 分以上；GRE 分数达到 320 分以上，作文 3 分以上。王同学申请工作的操作点主要集中在四个方面：第一，在国际学术期刊上发表相关专业文章；第二，参与国外导师的项目经历；第三，参与语言培训项目的经历；第四，国内大型企业的实习经历。我们也根据王同学的实际情况，为他安排了一系列的背景提升规划。具体的实施时间与安排如下：

在 2011 年 2 月至 4 月期间，王同学的主要学习任务是在国际学术期刊上发表相关论文。王同学的实际学习情况是，他的 GPA 过低，因此要想实现申请目标需要其他材料来证明王同学的学术能力，而在国际学术期刊上发表论文便是王同学很好的选择之一。通过与王同学的沟通，计划将王同学之前的大作业或者相关学术成果创作成一篇具有专业申请针对性的、支持 EI 检索的国际期刊论文。论文的创作思路来自王同学自身已有的学业成果，通过我们与王同学的沟通和对他的指导，王同学将论文进行了 8 次修改并最后投稿。需要说明的是，我们协助并推荐王同学投稿的刊物为正规期刊，且通过正规渠道发表，我们不走后门，不托关系，直接凭借论文的质量来发表，由此帮助王同学完成论文发表任务。在 2011 年 4 月至 6 月，我们会协助王同学系统学习托福以及 GRE 的课程，他需要在 8 月底之前取得托福 100 分的成绩以及 GRE 320 分以上的成绩。如果没有取得，则需要提前和我们联系。同时，王同学需要保持好自己在大三下学期的成绩，不能因为学习语言的缘故而造成GPA下滑。总而言之，王同学在大三上学期的主要学习任务便是专心做好GPA及语言成绩。同样，我们也会在必要的时候为王同学提供语言考试的帮助，如果王同学在8月底仍然没有达到上述标准，那么我们会强制对其进行1对1式的语言辅导，并且使他在申请截止日期之前取得目标语言的理想分数。与此同时，我们将安排王同学在美国斯坦福大学或者加州大学伯克利分校学习暑期课程，并在相关计算机专业的实验室内进行实习，让王同学前一段时间学习系统的知识，之后进入实验室从事核心的辅助实验研究，并最终获得该学校教授的推荐信和项目的完成证明。

在此需要说明的是，不参加我们精英背景提升项目的同学如果想获得由教授签名的推荐信是非常不容易的。以哥伦比亚大学(Columbia University)为例，哥大位于美国纽约市曼哈顿，于1754年根据英国国王乔治二世颁布的《国王宪章》而成立，属于私立的美国常春藤盟校，由3个本科生院和13个研究生院构成。哥伦比亚大学的校友和教授中一共有87人获得过诺贝尔奖，包括奥巴马总统在内的3位美国总统是该校的毕业生。此外，学校的医学院、法学院、商学院和新闻学院都名列前茅，其新闻学院颁发的普利策奖是美国新闻界的最高荣誉。到美国哥伦比亚大学参与教授的课题和项目，大家普遍的参与感受便是美国大学对科研的态度和信心，实验室总是给同学们一种非常positive的氛围，成员都会告诉导师自己想做什么，请求导师的支持，而且充满信心觉得一定能做出来，导师们也尽力用自己充满能量的小宇宙改变每一位同学。也就是说，在美国哥伦比亚大学，参与科研项目是一件充满正能量、有积极意义的学术活动。

曾经参与过美国哥大项目的徐同学回忆道：与一个小组一起做project，可能是一项最有挑战性的作业。完成这项作业需要组员同时具备优秀的沟通技巧、独立的工作素养、卓越的领导能力。美国的学生从小学开始就参与小组项目。随着年级的增长，他们的小组项目变得越来越复杂。实际上，那些小组项目也很容易被分工，并不需要有真正的交叉合作。每个组员都可以完成他们的那部分任务，最后将结果整合。幸运的是，导师会给每个小组分配一个研究主题。假如导师没有分配这样的一个研究主题，除非你们有一个很有决断力的领导，不然，在论点上达成共识就是一项非常艰巨的任务。所有的后续工作，都是基于一个共同达成的研究主题，所以，最好确保你能尽早地和小组开会决定主题。你可以说“我觉得最好能尽早决定研究主题。我们礼拜二下午见个面，讨论一下，怎样？大家都有时间吗？”在你们的第一次会议中，鼓励所有人都能头脑风暴，列出他们能想出的所有主题。如果你不理解某个主题，直接问他是什么意思，不要犹豫。问一问组员是否愿意在某一项主题上达成共识，或者通过投票决定最好的那一个。当你们达成共识时，你的队友就会自愿接手最重要的任务。这时是阐明你擅长哪项工作与不擅长哪项工作的好时机。比如，你不擅长写作，但是你很擅长制作幻灯片，你可以自发提议去完成演讲的部分。在project上交之前定时和小组成员见面(比如每周例会)。在最后的几次会议上，应该练习演讲。以小组为单位的练习，是非常重要的。因为这样，组员可以熟悉演讲者的顺序、演讲话题的顺序，以及每个话题的长度。演讲常常有时间上的限制，练习可以让整个小组根据时间做出调整。注意这些要点，可以帮助小组给听众留下一个专业的印象。你们还可以问一问彼此关于观众可能会提出的问题。

事实上，每位同学都有这样的感受：第一次到国外学习，感觉与国内的学习方式差别很大；第一次参与科研项目，许多事情需要自己去探究，而不是有现成答案，不仅仅是只需了解推导过程就可以完成任务。在与导师交流留学方面的很多问题的过程中，获得了导师的推荐信，这对自己将来的申请帮助很大。我们其实都知道要想获得国外导师的推荐信，难度是非常大的。国内大部分推荐信都是学生自己写，推荐人只需对其内容签字，而且可以通过找关系获得教授签名。在国外想通过学术之外的个人关系得到教授的推荐信难度很大，而且老师既能正面推荐你，也能发一封相当于什么都没说的废信，甚至故意给你差评。所以说确定你和你想要推荐信的老师之间的关系是否到了能要推荐信的程度非常重要，这个标准非常主观，甚至可以说很考验申请者的人缘和运气，但你必须了解，在提交推荐信时，无论是以前邮寄纸质的推荐信，还是现在基本上采用的网上提交，推荐人所写的推荐信必须包括两项主要内容：第一，你是如何知道 / 了解这个申请人的？第二，评估申请人各个方面的能力，比如智力和创造力等等。并且最重要的是，在你认识的学生当中，此申请人是 top1%，5%，10%, 甚至更低抑或没有办法确切评价？你比较的群体是什么？教过的所有本科生，还是只做过 research 的？也就是说，美国学校不但希望有人提交一封推荐信，而且希望推荐人能讲清楚你到底是什么样的学生。很明显，如果推荐人是从非学术的角度了解你，甚至是你拐弯抹角缠着人家索要的推荐信，极有可能导致推荐信写了等于没写，如果他认为你低于 top 20%，这对于申请排名前几名的学校来说，其后果是致命的。换句话说，你要是找了不合适的教授，或者通过不合适的方式要求对方来给你推荐，对实际申请结果来说并无益处。虽然推荐人是名教授固然好，但是一般在推荐信里教授们都要讲明和学生认识的情况，至少要讲明通过某件事认识到这个学生某方面的特长或者潜力。所以我觉得一般还是找自己周围了解自己的教授写比较好。名教授们虽然名声在外，如果跟自己没有什么实际的学术交集，比如说同学们只在某一次 meeting 上与这位教授相识的话，那么这位名教授对你这个人没什么实实在在的印象，也就是说推荐信对你没有什么可讲的语料，可想而知这样的推荐信分量相对轻了许多。

说到这里，我们精英背景提升项目的优势便凸显出来了。作为我们的客户，你可以得到别人很难得到，甚至无法得到的申请契机：第一，一封来自你课题导师的推荐信，了解留学申请环境的同学都明白，如果自己能得到来自自己意向学校教授的推荐，这能够大大提高自己被录取的概率；第二，丰富自己的科研经历，参与国外导师的项目能够实实在在地提高自身的科研能力，丰富个人的学习经历；第三，真实地体验美国的教育环境。这些是选择我们精英背景提升项目的重要理由。由此可见，帮助王同学取得由教授签名的推荐信并获得录取时候网申引荐人的认可以及名校知名项目的学习经历、名校暑期学校官方成绩单等一系列申请支撑材料，是性价比极高的一件事情。

让我们再回到王同学的申请进程中，看一下在得到教授推荐信之后，王同学的学习进度及安排。在 2011 年 9 月，我们会协助王同学建立个人主页，采用二级域名和空间的形式，系统地展示其简历上的所有东西，类似于名校教授的学校官方主页上的介绍。王同学可以对自己所发表的文章、获得的成果以及才艺等通过个人主页进行全面系统的归纳与梳理。在这里，我们负责为王同学提供所有的技术支持，为王同学提供相关的资料与素材，主要包括以下几个方面：第一，所发表文章的国外期刊的链接；第二，之前参加过活动的照片；第三，王同学所有特长的展示，包括配音、乐器和唱歌等才艺专场。最终使王同学拥有一个全方位展示自己的网站，作为老师套磁和学校申请之用。等到 10 月份，王同学回国之后，我们将安排王同学进入微软 MSRA 等研究院实习，实习内容和申请专业是相关的。在申请开始之前让王同学一直保持着实习的状态，并且参加一定的实践项目，在有条件的情况下获得企业导师的推荐信。而我们的底限担保则是承诺王同学能够进入相关知名企业实习。

在 2011 年 10 月至 12 月期间，我们负责协助王同学更新个人网站的视频及相关介绍，把各种项目的经历与学业收获添加到网页上，并且开始准备申请文书、材料和其他事宜。如果王同学的语言仍然没有达到要求，那么我们会安排王同学抓紧时间重新备考。在此过程中，我们负责帮王同学准备一揽子申请材料，按照 11 月 15 日截止日期的要求，抓紧时间帮其申请，并且展开文书工作。这一过程持续到 2012 年 4 月，直至王同学开始进入正式的申请环节并等待目标院校的相关面试，力争在 9 月顺利入读美国心仪学校的意向专业。在此过程中，不排除王同学自己由于其他因素而放弃出国，或者自身性格等原因未能与我们安排的活动组织者进行交流或语言成绩无法达到预期标准等申请风险的存在。当然，我们在王同学完成项目申请的全过程这段时间内，会帮助王同学认真准备语言考试，并且促使王同学认真地完成我们所安排的一系列任务与活动，双方进行及时的沟通和交流并对王同学所提出的问题和要求进行积极的反馈。在王同学积极配合我们所安排的整个申请全过程的基础上，也就是说，王同学在达到相应语言考试分数要求的基本条件下，我们将保证他至少获得一所意向学校的录取，否则，我们将会退还王同学的全部费用。下面让我们来一起见证王同学的申请录取结果：来自南加大的 offer！（见右图）

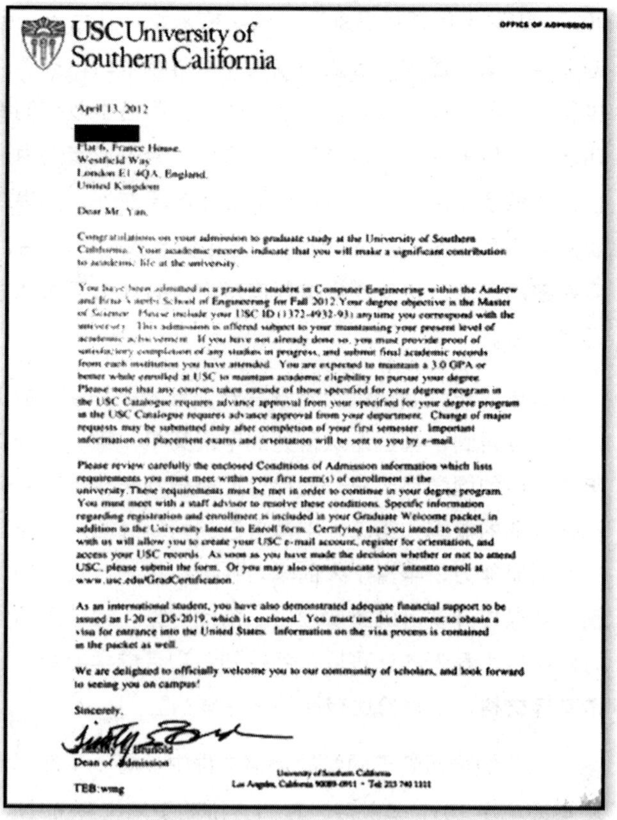

USC University of Southern California

OFFICE OF ADMISSION

April 13, 2012

[redacted]
Flat 6, France House
Westfield Way
London E1 4QA, England
United Kingdom

Dear Mr. Yan,

Congratulations on your admission to graduate study at the University of Southern California. Your academic records indicate that you will make a significant contribution to academic life at the university.

You have been admitted as a graduate student in Computer Engineering within the Andrew and Erna Viterbi School of Engineering for Fall 2012. Your degree objective is the Master of Science. Please include your USC ID (1372-4932-93) anytime you correspond with the university. This admission is offered subject to your maintaining your present level of academic achievement. If you have not already done so, you must provide proof of satisfactory completion of any studies in progress, and submit final academic records from each institution you have attended. You are expected to maintain a 3.0 GPA or better while enrolled at USC to maintain academic eligibility to pursue your degree. Please note that any courses taken outside of those specified for your degree program in the USC Catalogue requires advance approval from your specified for your degree program in the USC Catalogue requires advance approval from your department. Change of major requests may be submitted only after completion of your first semester. Important information on placement exams and orientation will be sent to you by e-mail.

Please review carefully the enclosed Conditions of Admission information which lists requirements you must meet within your first term(s) of enrollment at the university. These requirements must be met in order to continue in your degree program. You must meet with a staff advisor to resolve these conditions. Specific information regarding registration and enrollment is included in your Graduate Welcome packet, in addition to the University Intent to Enroll form. Certifying that you intend to enroll with us will allow you to create your USC e-mail account, register for orientation, and access your USC records. As soon as you have made the decision whether or not to attend USC, please submit the form. Or you may also communicate your intentto enroll at www.usc.edu/GradCertification.

As an international student, you have also demonstrated adequate financial support to be issued an I-20 or DS-2019, which is enclosed. You must use this document to obtain a visa for entrance into the United States. Information on the visa process is contained in the packet as well.

We are delighted to officially welcome you to our community of scholars, and look forward to seeing you on campus!

Sincerely,

Timothy E. Brunold
Dean of Admission

TEB:wmg

University of Southern California
Los Angeles, California 90089-0911 • Tel 213 740 1111

05 录取絮语——你有一个“苹果”，我有一个“梨”

几位同学坦言，参加精英背景提升项目的最大收获，便是可以找到志同道合的同行者，而且可以与自己同专业的学生交流学习心得。

“从我的个人经历来看，我有为数不多的几个志同道合的朋友，但是很少谈专业问题，谈的更多的是生活、出国、学业等宏观问题，在这些方面互相激励，共享信息资源。”陈同学说道。

“探讨专业问题，我一般与研究生、博士学长交流，也经常与专业老师、教授探讨，这样的探讨是有收获的。当你问的问题是此人最擅长的领域时，他往往很乐于向你传授知识，例如我的一个博士学长，研究生阶段专攻软件研究，一旦谈到数据库问题，就如黄河之水滔滔不绝，从实验准备、实验过程、结果分析到论文写作，非常到位的一条龙服务，而且他自己也很有成就感，这样的探讨才是有价值的。而平辈之间的探讨，往往是各持己见，而实际上我们看到的大多只是片面问题。”王同学说道。

那么问题来了，如何才能进入专业交流圈子呢?

“实际上问题 A 和问题 B 是相互关联的，在我看来，解决了问题 B 后才能更好地解决问题 A。你所渴望的是一个较为高端、理想化的专业讨论圈子，而在计算机这个较为“土豪”的专业氛围中，你感受不到它的存在。事实上，这个圈子确实存在，只是距离学生较远，我也是通过我的导师才知道的。”王同学讲道。

这个道理好比，你有一个“苹果”，我有一个“梨”。实际上，专业的圈子也是这样，你至少需要有一种“水果”，才能融入这个圈子。试想，别人在探讨我的“苹果”，研究他的“梨”，你没有自己的“果子”，只能在角落里看热闹，也不能理解别人在做什么。所以，要进入专业的圈子，首先要有自己的“果子”，还需要在行事风格上像一个专业人士，这样，圈内人一看，就知道你是同道中人，“嘿，这哥们是自己人。”

作为学生，至少应该成为一个合格的知识消费者，学会提问，学会倾听，独立思考，在与前辈高人的探讨中逐渐培育自己的“果子”，逐渐成为一个知识的生产者，把自己的思想、见识、知识分享给别人，你有了自己的“果子”，也就有了专业圈子的入场券。当你成为知识的生产者时，才能真正获得他人的认同。

对我而言，我要申请出国，大三就开始进行专业研究并参加背景提升的项目，逐渐了解了很多专业问题，也具备了解决一些专业问题的能力，恰好此时，有人问“计算机本科生如何做科研”或“计算机专业留学申请”的问题，我很自然地把自己参与过的精英背景提升项目的经历讲了，由此得到了很多专业人士的认同。

那么，我们又该如何在专业圈中寻找志同道合的朋友呢?

通过刚才的讨论，现在这个问题已经很简单了，当你有了苹果，进入了专业圈子，在这个过程中，志同道合的朋友自然会汇聚到你的周围。这时候，如果有朋友或者学弟学妹与你谈论一些专业问题，你拿出自己的“苹果”，告诉他们：那边有个“苹果 Party”，可以和高端专业人士探讨有价值的问题，一起去吧？哦，你还没有“苹果”，OK，我告诉你怎么培养自己的“苹果”……如此而行，找到志同道合的朋友自然不是问题。当你有了改变的时候，你周围的环境也会自然因你而变化。不论在现实中，还是在网络上我都有了很多志同道合的朋友，这必然会吸引更多的朋友一起探讨未来。

结 语

通过上述几个精英背景提升案例的录取结果我们可以看到，背景提升项目获得了学生极高的满意度，同时也切切实实地为学生真正做到了背景提升。几个项目从开始到结束，都获得了客户的一致好评。名校青睐的不仅是学生的语言及课程成绩，更关注学生们的个人魅力。出国留学读书，同学们需要的不仅仅是名校的offer，更重要的是成长过程中的收获。精英背景提升项目拥有专业的规划团队和无可比拟的资源优势，致力于优质的背景打造与提升，帮助学生全面提升申请软实力，圆梦名校。

第三章

美国常春藤名校招生官揭秘录取规则

01 你和名校可能只差一层窗户纸

美国常春藤名校是很多学生向往的地方，这些世界顶级名校更喜欢什么样的学生呢？要知道，美国名校在招生时除了成绩，更看重学生的潜力。常春藤院校（包括普林斯顿、哈佛、耶鲁、哥伦比亚等八所院校）为众多留学生所关注，随着申请人数的增加，申请难度也越来越大。

常春藤名校都有各自的录取标准，学生必须熟悉每所学校的录取要求，针对不同学校，采取不同的申请方法。比如说有一些有关于常春藤名校录取的信息，你不得不看，麻省理工学院录取学生时有两个最重要的条件：一是当你失败时，能够站起来继续往前走；二是“我的爱好是自己的，不受别人的影响”。因为学校培养的是科学家，所以要求每个学生必须不怕失败，不会放弃。

耶鲁大学要求学生具有领导能力和关注社区历史的爱好。耶鲁大学的每个宿舍就是一个社区。每个社区都有很多活动。在社区活动中，每个学生都可以培养自己的活动能力和领导能力。各个社区可以相互影响，相互交流。

哈佛大学的录取要求有12点，每年的要求都不一样，你永远不知道这所学校每年到底要录取什么样的学生。

普林斯顿大学没有具体的录取要求，只是“哈佛要的学生，他们坚决不要；哈佛不要的学生，则会考虑录取”。

哥伦比亚大学由于地处最繁华的纽约，各种文化兼容并蓄，因此要求学生具有文化欣赏力。校方认为只有懂得欣赏不同文化的人，才会获得成功。

布朗大学则非常自由，进校后学生可以自己选择课程和专业，一年只学一门数学课程都可以。校方认为，要想成功，只要做你喜欢做的就可以了。“如果不了解学校的录取要求，不管多优秀，你都不可能被录取。”

因此，笔者觉得有必要把一些看到、听到的真实情况记录下来，整理几点国人对海外名校最容易出现的“误读”，跟大家一起分享。

误区1：在排行榜上排名前十的名校都高不可攀

很多时候，不得不承认，人这一生中跟很多宝贵机会错过的节点就在于那个“敢”字。不敢想，不敢试，不敢冒险，不敢跃进……事实上，一旦你“敢”了说不定事情就成了。很多人觉得能被顶尖大学录取的人都不是一般人，记得采访过剑桥大学留学基金会总裁Michael O’Sullivan先生和当年的奖学金获得者小刘。小刘是南京大学的研究生，雅思考了7.0，获得了剑桥的全额奖学金去研究如今大热的“城市规划”专业。

我相信雅思分数考得更高、就读的学校更牛的同学一定想问：他，凭什么？

我问小刘：你觉得与其他同学相比，你的核心竞争优势是什么?

我以为他会说：我的独立思考能力，我在专业上的热情和投入，我的研究成果等等，没想到小刘回答：我觉得是大多数人都没敢申请吧，我也没想到自己能被录取，全额奖学金更没想过。

Think big to be big. 人生无上限，谁说你不可以?

误区 2：用我的价值观去“猜”TA 的喜好

在面对“被选择”时，我们习惯在潜意识里这样想：“我要应聘的是国企，老板一定喜欢善于察言观色的人”；“我要申请的学校是美国商科排名最靠前的，招生官一定希望我有在多家外企实习的经历”；“我雅思要考到 7 分，一定要多背模板，多背单词”……

在采访哈佛、哥伦比亚、宾大的招生官时，我都问过他们这个问题：贵校的招生标准是什么。很遗憾，没有一位可以准确地回答出来。

我还不依不饶地请哈佛大学的招生官 Jennifer Gandy 详细讲讲什么样的学生可以最终打动他们。Jennifer 的原话是：Umm, it really depends! Depends on how much you are able and willing to contribute to the community.

看！多抽象！其实越是名校录取标准相对就越主观，甚至可以说是一张没有标准答案的主观题考卷。你睿智、你勤勉、你激情、你内敛、你博采众长、你心无旁骛……都可以拿到试题的满分。得分的关键是展现出一个独一无二、原汁原味的你。

换一个角度看，如果你是用人单位，你寻找的肯定是每一个员工身上的不可替代性（Irreplaceability）；如果你来代表高校招生，那么你浏览的海量简历中唯一能让你眼前一亮的肯定是申请者不可多得的“个性亮点”。雅思是门综合考试，代表你即将去生活和学习的那个国家的老师、同学、邻居、房东、收银员、卡车司机等和你即将发生的生活场景。除了基本的单词，你必须了解当地的民风民俗、他们爱吃的食物、他们热爱的名人、知名的建筑、街头巷尾大家关心的八卦话题，这样才能融入这个社会。

误区 3：用各类奖项堆成的 PS 去打动招生官

我们在写中文简历的时候习惯把自己做过的所有“成果”都堆上去，觉得堆得越多，简历越长，别人会认为我们越成功，尤其是获奖部分。所以几乎每个人的简历上都显示出自己是一个学习高手、团队里的精英、体育爱好者、电脑发烧友、雅思 8.5……样样精，其实就等于样样不精。人的时间和精力是有限的，人人如此，没有例外。你所热爱和擅长的只可能有一项或两项技能。英语中有 Best 和 Second Best，没有 Best No.1 and No.2。如果你真的是宇宙无敌超人，所有方面都好得不得了，那我敢说，写在 PS 中校方也不会相信的。

在美国采访的时候，接触到了几位在常春藤学校就读的华人，当然各有各的特点，但总体上让我印象深刻的，是他们的独立思考能力和思维能力。还是那句话，出国留学不一定就比在国内发展得好，还是要听从自己心底的声音。

02 康奈尔招生官说 DIVERSITY

最近看到一个新词——“雅生活”，顾名思义，有人说是优雅地活着，类似于常常有人提的“慢生活”；有人说专指雅思“烤鸭”族群，这个推导让我深思。直到今天在微博上看到这样一个分享：

【个性与共性】几位留学生寒假来家。席间，来自西雅图的大二学生阳阳指着一位来自克利夫兰的大四女生说，你是吃遍美国；指指自己说，我是玩遍美国；又指着来自德州的大二吴同学说，你是学遍美国。尽管爱吃、爱玩、爱学各不相同，但他们的功课 A 多 B 少，他们能说一口流利英语，对自己的未来信心满满，都庆幸自己当初的选择。

也许这就是对“雅生活族群”的诠释吧，尽兴，过自己要过的生活。

从第一天接触出国留学开始，耳畔中总充斥着这个对准留学生来讲至关重要的词：diversity。招生办公室主任视之为招人准绳；各科系教授总以此把脉学生的性格、潜力是否适合自己的研究领域；每年的新生大会上、毕业典礼上，校长们、师长们也会扯着嗓子喊：感谢大家为我们带来如此丰富的多样性。

Diversity 究竟是什么东西

字面意思我不多说了：多样性，多样化。但是何为多样化？周末我主持了一个七国使馆留学新政发布会，美国使馆商务处的 Frank Joseph 声情并茂地给我们举了一个非常生动的例子。他说：一位在康奈尔做招生官的朋友给他讲过一个故事，一位来自美国加州的女孩申请康奈尔大学，和其他罗列了很多好成绩的孩子不同，她首先提出自己是一名摩托车赛车发烧友，除了上课以外的时间都去跟朋友们组织车赛。这让这位招生官在众多颇显雷同的简历中一下就注意到了她。紧接着她又介绍自己曾经花一年的时间到美国南部一个比较贫穷的小镇居住并打工，充分体验了当地人的生活。从两件经历的描述中招生官看到了她性格中的果敢、坚毅和热爱挑战，经综合权衡后录取了她。Frank 最后还强调说，尽管各个学校的录取政策不一样，但有一点肯定相同，那就是：没有一所学校喜欢招收性格、背景雷同的人。

你的亮点可以是 Maturity（成熟），可以是 Passion（热情），可以是 Commitment（承诺），可以是 Persistence（持之以恒）。可以是你性格中最招人爱的那部分，将之扩大、加强、渲染、深挖，就可以发展成一篇漂亮的个人陈述。

如何挖掘我的个性

世界上没有两片完全相同的叶子，人也是一样。但是从小到大，我们习惯去隐藏个性，求同存异。上高中时，班主任讲过：高考总成绩就像一个盛水的木桶，总的盛水量取决于最短的那块木板。所以大家都把工夫花在“瘸腿”科目上。长大了，才发现当年引以为荣的擅长的那些东西也慢慢变得平庸。

你的独特性，独一无二的特色哪里去了？其实它一直隐藏在日常生活中，渗透在举手投足的瞬间里。小时候我是个比较孤僻的孩子，寒暑假经常一个人被锁在家里。那时候最喜欢干的事就是听广播，然后在心里默数他们说的每一个字的笔画，一句话说完了，我的总笔画也加出来了！我看过 CCTV 上“神算”的小朋友的表演，那个不难，就是长期练习的结果，我上一年级的时候就可以做到。拿不准的笔画数，查新华词典，所以上三年级时我比同龄人认识的字多，心算也最快。我曾经跟西北大学的招生官讲过我的故事，他连说 amazing，但是直到今天我父母都不知道我有这本事。

钢琴不是弹成十级才叫做“会”弹钢琴；不是一定走到撒哈拉才叫“远足”；主持界相声说得最好，厨师界歌唱得最棒就是你的亮点和特色！想想从小到大有什么事是自己做完自己也觉得很酷的？哪些方面是让最好的朋友们发自内心羡慕不已的？什么事是只有你能做其他人都做不了的？这些就是你的亮点。

以前一直不解，为什么像雅思这样的英语考试要准备那么多情景：问路的、种田的、考古的、音乐的、非洲的、东欧的……有些题还真不是知晓单词的意思就能做出来的。引用雅思中国区总裁 James Shipton 的话：大家即将生活的那个社区如此斑斓和多样化，雅思考试因此才承载了大量的生活必备信息。雅思之所以能够在美国得到包括 8 所常春藤盟校在内的 3 000 多所院校的认可，是因为它起源于生活，创造于生活。

03 专访哈佛招生官 Jennifer Gandy 女士

在哈佛大学我们有幸采访到招生官 Jennifer Gandy 女士，希望能听她讲讲在招生时“哈佛的标准”究竟是怎么样的，以下为采访实录。

问题：哈佛大学是很多人的梦想和“情结”，您认为对于学生来说，四年的哈佛教育意味着什么？

Gandy：对于不同的人其中的含义当然不同，总体而言，哈佛为每一个学生提供的价值可以概括为通科教育，包括高水准的学术研究能力、面对不同领域的思考能力和用多种方法解决问题的能力。为什么全球学生都把哈佛作为第一选择，除了众所周知的声誉之外，我相信大家看重的是在这样一个无比丰富博大的熔炉之中学习、生活、处事的经历。我们甄选的学生都是万里挑一，每个人都非常独特。

问题：通常哈佛申请委员会会怎样评判一个学生是否是你们所需要的人才？

Gandy：我知道你们对申请过程非常感兴趣，我们在审批申请材料的时候，主要看重以下三个方面。

第一，学术水平：这可能包括他曾经参与过的研究项目、标准化考试的成绩以及自己的科研成果。

第二，课外活动：哈佛的很多学生都热衷于从事自己感兴趣的课外活动，并且有些成为这一领域的专业选手，我们希望在各个领域发掘代表人物来组成哈佛多姿多彩的整体。

第三，性格因素：这一方面要从你毕业的学校情况、老师的说明和相关的推荐信中来了解。对于国际学生来讲，因为我们不可能熟悉所有的中学和大学，所以更多的会从推荐信当中了解。目前哈佛有越来越多的中国校友，我们也十分期待在不久的将来为中国学生提供更多的校友面试机会，让我们更多地了解每个优秀学生。

问题：能不能向我们举例介绍一下评判过程？

Gandy：我们的宗旨是为哈佛带来多样化的人才，所以我们没有统一的模板标准。举个例子，比方说我刚刚结束对科罗拉多州申请者的审核，我会把所有申请者的材料通读一遍，并把所有学生的情况汇报给评审委员会，对其中 20% 的学生作进一步商量和讨论。录取率通常在 6%～7%。我们在审查所有申请的时候有一个专门的 Rubric（约定俗成的标准），整体上根据这个标准来评判一个学生究竟有多优秀。

问题：我们的很多网友都比较关心标准化考试在评审过程当中占多大比重？

Gandy：这个不好说，对于申请本科的学生来说，如果你毕业的学校声誉很好，我们比较认可它各方面的影响力的话，SAT 测试成绩仅仅作为参考。但是对于国际学生来讲，SAT 是我们评判的重要标准，因为这可以说是我们了解学生学术、语言、写作等能力的少数渠道之一。如果你数学、阅读都拿了很高的分数，写作成绩比较低，我们也会重新考虑你是否合格。托福成绩没有那么重要。

问题：每年哈佛都会录取 10% 左右的国际学生，去年是 12%，对于国际学生你们是否会根据目前校友的表现做一些地域的名额划分？

Gandy：我们绝对没有这样的划分，但是我非常理解在像中国这样人口众多的大国竞争有多激烈。因为美国学生是在与本校、本州的学生竞争，而你们面对的是整个国家。90% 的录取者为本国学生也是因为申请者中 90% 左右是美国公民，所以才会有这样的数字。

问题：与其他常春藤学校相比，哈佛最大的特色是什么？

Gandy: 这很难用一句话来概括，哈佛大学有非常悠久的历史，这里有世界上最好的教育资源，比如说我们的图书馆等等，还有就是这里云集着来自世界各地的领袖人物。我举一个例子，我在哈佛大学上一年级的时候第一堂化学课是由一位诺贝尔奖得主为我们讲授的"课程导读"。我当时的反映是：天啊！这么基础的课程竟然由诺贝尔奖的得主给我们上！你知道吗？这是非常令人激动、非常鼓舞人的。还有，我大学的室友是中国人，江泽民主席访问美国的那一年来哈佛演讲，我的室友就是因为是少数几个在哈佛读书的中国人，所以她被邀请参加江主席的午宴。这样令人激动的事情在哈佛随时都有可能发生。

问题：现在是高考季，中国 900 多万的适龄考生正在紧张地备考，能不能对这些潜在的未来"哈佛校友"讲几句话？

Gandy：我想说的是中国学生特别关心录取率、关心录取过程，其实大家不必给自己太多的压力，只要尽力去做最好的自己就可以了，我还要说哈佛并不适合每一个人，你们应该去做自己真正最有激情从事的工作，寻找真正适合自己发展的方向。关于"什么才是最适合自己的"这个问题，没人能给出真正的标准，只有学生自己最了解。

04 世界看什么，美国看什么

专访：全球国际教育者协会新闻发言人 Ursula Oaks 女士

六月，全球国际教育者协会（NAFSA）2011 年会议在风景秀丽、白帆点点的加拿大温哥华举行。来自世界 100 多个国家的将近 9 万名教育界工作者齐聚温哥华会议中心，通过 4 天的展会、数百场座谈会和招待会找到他们心仪的合作者，为各自的校园增添更加鲜艳的国际化色彩。清华大学、北京大学、浙江大学等十几所国内高校均派代表参加，许多国内顶尖留学机构及语言培训机构也参展亮相。NAFSA 战略办公室主任新闻发言人 Ursula Oaks 女士，向我们介绍了这场全球国际教育者盛会历经 63 年依然魅力无限的秘密。

问题：NAFSA 已经举办了多少届？今年的亮点是什么？

Oaks：NAFSA 成立于 1948 年，至今 NAFSA 展会已经成功举办了 63 届，展会的核心精神是创造并传承国际化教育。具体来说就是创造并延续国际教育项目合作，发现并讨论国际学生面对的挑战和问题，相信您今天也可以感受到所有参会者的热情，他们不停歇地拓宽他们的国际人脉网络和商务合作关系，我想这些都体现了 NAFSA 的核心价值。

问题：前几年 NAFSA 会议的举办地大多在美国，明年也会在美国举行，为什么今年选址温哥华？有哪些特别的原因？

Oaks：哈，我不知道这是否特别，我们之前有一些会议也曾经在加拿大举办过，1997 年也曾经来过温哥华，我们的注意力主要在北美国家的一些城市，比如过去几年我们去过洛杉矶、盐湖城、堪萨斯等等。坦白地说，选会议地点时我们主要考虑这些城市是否有足够的能力举办如此大型的展会，因为展会的规模太大了，首先需要一个大型展馆；研讨会也非常非常多，我们需要足够的房间来同时举办；参会代表的食宿、交通等等也是我们必须考虑的因素。这样看来，能够"盛得下"的城市就在一定程度上被圈定下来了。今年有 8.7 万多名参会者，是我们举办过的第二大展会，最大的一次在华盛顿。温哥华美丽景色的吸引力不容否认。40% 参会者来自非北美国家，可以说展会的国际化程度越来越高了。

问题：提到国际化，我看到展会现场有很多大型的国家展团，比如加拿大、澳大利亚、英国、德国、法国等等。其中中国展团中包括清华、北大这样的一流大学，而且我相信和北美欧洲同行相比，他们是最远道而来的，那么为了继续鼓励这些一流大学和高端教育机构参加，NAFSA 是否会出台某些措施为之提供更有针对性的服务？

Oaks：我们非常重视与中国的合作，我们的 CEO Marlene Johnson 每年都会到中国拜访，每次都会带回中国教育行业的最新发展情况，尤其是中国教育国际化的最新信息。中国教育行业发展非常迅速，充满激情，对国际教育需求巨大，你的到来也充分证明了这一点（笑）。我们非常荣幸您能够参加我们今年的展会。值得一提的是，今年 NAFSA 最负盛名的领袖大奖颁发给了中美教育基金主席 Julia Chang Bloch，她同时也是美国首位华裔女大使，她本人一直在积极推动美国和中国之间的教育项目合作，促进美国学生赴华留学以及吸引中国学生赴美留学。

问题：中国市场对国际教育的确存在非常大的需求，去年赴美留学学生人数比前一年增长了 30%，而且这一数字还在持续增长。中国的教育行业对美国教育有着巨大的兴趣。据我所知，很多美国学校的最大留学生群体也是来自中国的学生，因此我冒昧地问一下，NAFSA 是否考虑过选择中国某一城市作为今后会议的举办地以促进双方更好的合作？

Oaks：哦，那将是 NAFSA 最棒的一届展会！（笑）但是，我们需要调查一下我们的预算情况、与会者的方便程度，我们目前还是把注意力集中在北美的一些城市。很多人也建议我们在欧洲、亚洲的一些城市举办，但是我想目前的工作重心还是把北美的展会办好。

问题：有人将 NAFSA 比作国际教育界的联合国、达沃斯论坛，您怎样评价？

Oaks：哦，我觉得真是过奖了，非常感谢。但是这个展会的确对于国际教育界十分重要，它代表了成千上万的国际教育工作者的成就和业已存在的问题，不仅是来到现场的这些人，还包括在办公室里没法亲自参加的人们，因此我想我们会持续提供这样一个交流的平台。不管是达沃斯还是联合国，都有国家或政府背景，但是 NAFSA 是非营利性组织，我们没有从政府获得任何资助，我们的赞助来自我们的会员、我们的会务商品、赞助商等，但是政府给了我们很多支持，比如在交通方面等，还是很感谢各位如此重视 NAFSA。

问题：明年，NAFSA 会给我们带来怎样的惊喜？

Oaks：明年我们会去得克萨斯州的休斯敦，那里比温哥华暖和多了。休斯敦是一个非常美丽的城市，是全美第三大国际学生聚集地，非常国际化，我们希望在休斯敦召开的会议能够像在温哥华召开的一样成功。当然，我希望在休斯敦能再次见到你！

05 专访哥伦比亚大学教授 Jack McGourty

今天纽约异常炎热，天气预报说 33 度，实际感觉 35 度都不止。人被晒得快融化掉了。看来纽约也没有春天，冬天之后就是夏天。我们来纽约的首要任务是走访哥伦比亚大学，这座充满贵族气息的常春藤大学坐落在纽约最贵的地段：曼哈顿上西区，离中央公园 5 分钟车程。

接受我们采访的是哥伦比亚大学工程学院院长 Jack McGourty。他本人曾经是一家著名上市公司的董事会成员，后加盟哥大，积极推进学术教育与实践能力的结合，创立了 Small Business Development Center，为学生和企业架起人才供需的桥梁。以下为采访实录。

问题：我听说哥伦比亚大学 2010 年的毕业典礼刚刚结束，这又一次唤起了我们对哥大世界知名校友的数不清的感慨，他们在很多国家的很多领域里担当先锋，您怎样评价哥大在培养世界领袖方面扮演的角色？

McGourty：哥伦比亚大学的宗旨是培养各个行业的尖端人才，以我们工程学院为例，我们选择我们认为最合适的人才——那些最适合从事工程学科研究和动手能力强的人以及对工程学科充满激情的人，为他们提供世界前沿的技术理论课程，同时配有实践部分。哥大的很多校友都是行业内的领军人物，我们对此感到十分自豪。我们的教育一直向学生灌输企业家精神，这是一种综合的建立、经营、管理的技能，这些有助于他们在所从事的领域做出成就。

问题：哥大是一个令人着迷的地方，许多学科都处于各自领域的领先地位，能否谈谈哥大工程学院与其他常春藤学校的工程学院相比最大的特色？

McGourty：我觉得我们最大的特色首先是有哥伦比亚大学整体强大的教学资源的支持，无论是设施还是教学人员。我们很多著名的教授亲自上本科生的课程，所以相关领域的基础研究和高级研究都是世界领先的。还有一个很关键的元素是我们的工程学院十分看重培养学生的商业意识和对技能应用的能力，因为毕竟课堂内讲授的内容只能让学生了解理论知识。对于我们这一类操作性很强的学科来说，学生必须去跟企业家交流，了解真正生活中需要的技能是什么，不管你学的是什么，技术、市场、会计、管理等等都一样。

问题：我注意到您反复强调了企业家这个词，也了解到您一直致力于发展 SBDC（中小企业发展中心），专门向中小企业输送有才华的在校生，也为学生提供实习实践的机会，但是直接帮助学生自主创业不是更好吗？很多学生已经在这样做了。

McGourty：SBDC 实际上是由高校、地方政府、私人企业联合组成的为中小企业提供信息服务和管理援助的机构，可以为企业的总部和不是特别偏远的分公司提供一站式服务。因此这其中有很多具体的实践机会可以让学生们参与，哪怕是大一的学生，只要你觉得有需要就可以申请实践岗位，在暑假或者其他假期来实习。企业和学生互惠的方面很多，学生提供技术层面的支持同时可以学到一些管理经验。你说到的创业过程也是很多学生感兴趣的，但并不是所有学生都适合创业或者喜欢自己来运营公司，大多数会就职于大型企业，所以在企业中锻炼的机会对每个学生来说还是非常宝贵的。

问题：您在加盟哥大之前是一家上市公司的董事会成员，虽然我不知道是什么改变了您的职业初衷，但我想问，您觉得在做出重大的职业选择时应该把握住哪些方面？

McGourty：这个问题很有意思，我在上一家公司工作了 10 年，现在回到学校。不管你相不相信，我的两份工作都不是我规划出来的。我觉得不应该给自己限定职业方向，比方说我是学工程的，我将来一定要做工程师，没人知道你将来会做什么，包括你自己。你能做的事情就是不断提高你的能力，当然我说的能力是指个人技巧、管理能力、沟通能力等等，不是指个别技术钻研的广度，这是另一码事。每 10 年换一种工作模式我认为可以极大丰富你的个人阅历和提高你的能力。

具体在职业选择上的建议，我认为：

⑴ Not Enough——还能再好，你要一直相信你目前所拥有的不是终点，同时不拒绝任何机会。

⑵ Open-ended Problem——问自己开放式的问题，不是“我是不是……”、“我能

不能……”这一类问题，试着从“我该如何……”、“怎样才最……”入手，你可以更好地了解和解决当前问题。

(3) Including everyone work with you——这是我个人的观点，我认为在任何工作中若想取得成功，其中一个关键因素就是先保证别人成功，其实帮助别人取得成功也是在帮助你自己。有些人害怕身边的人比自己出色，结果就是他没有做好的事情你也做不好。

06 访宾夕法尼亚大学招生主任 Elisabeth O' Connell

我们在招生办公室的迎宾室十分荣幸地见到了宾大招生办公室副主任 Elisabeth O'Connell。

问题：宾大被网友喻为“最难被录取的十所学校之一”，您怎么看？

Connell：宾大是美国淘汰率最高的学校之一，但是每年依然有大量的申请者选择宾大，因为我们的核心竞争力包括：

(1) 我们崇尚 Liberal Arts Education（全科教育）。学生在这里接受的不仅是课堂教育，更多的是来自课堂以外的教育，这些可以使他们受用终生。宾大建立于 17 世纪，发展至今已经有 300 多年的历史了，我们非常重视教学和科研工作，学生在本科生阶段就可以享用跟研究生一样的教学资源。

(2) 学校位置。我们位于美国第五大城市费城，各种设施都十分发达。学校的规划非常注重整体性，所有科研院所、各个层次的教学设施都集中在一个地方，不像某些学校可能法学院在这里，医学院却在城市的另一头。我们也非常重视利用城市的资源，与这个城市的各个领域和行业都有非常深入的接触，所有学科的设置都强调应用为主。

(3) 大量的交换机会。每个学院都与其他城市乃至其他国家有合作关系，可以派遣学生去交流、研究和实习。中国就是非常受欢迎的一个交流目的地，很多学生第二语言学习中文然后去中国进行文化交流。

问题：我们刚刚谈到了宾大有很多世界知名的校友，您觉得他们的共同特点是什么？

Connell：300 多年的历史造就了宾大不计其数的校友，在世界各个角落为人类造福。截至 2010 年年底，宾大全球校友达到了 29 万人。今年的毕业典礼刚刚结束，我们也十分荣幸地邀请到了现美国驻华大使 John Huntsman 先生从中国赶来作为校友代表致辞。宾大的校友不管在哪里都十分团结。

问题：若想成为宾大的学生，您认为至少需要具备哪些素质？

Connell：我们的录取原则我可以等下再介绍，我先说说宾大衡量成功学生的几个标准。

第一，我觉得要保持一颗好奇的心，只有渴望去发掘未知的世界，才有可能在你所研究的领域走深走远。

第二，拥有明确选择的能力。尤其对于国际学生来讲，千里迢迢来到美国，为了什么？你可以为这个社会带来什么，你从你的传统文化特别是你的人民身上学到了多少，这些都需要再三考虑来得出答案。

第三，你身后的文化背景，你曾经就读学校的历史，你自己成长的经历等等都可以用来衡量一个学生的素质。

问题：听说有些学生放弃哈佛的录取选择了宾大，您怎样定义学生与学校之间的匹配度？

Connell：每个人都是一个不同的个体，他在选择的时候肯定是尊重自己的标准的。比如说有些人青睐这样的学习环境，有些人喜欢那样的课程设置，这些组合因人而异。大家都知道常春藤学校拥有世界上最好的教学资源和校友资源，但这八所学校之间也存在很大的差异。宾大的一个显著特点就是我们的整齐划一性。

问题：今年的录取工作已经结束了，能不能向我们透露一下今年的录取情况？

Connell：从2010年11月份网上接收申请材料一直到2011年1月1日，我们一共接到了27 000多份申请，每一份我们都认真地看过。可以说是一篇短文接一篇短文、一个文档接一个文档地看，因为我们要确保读出学生的全部背景信息，从而做出最准确的判断。比方说，你在哪里上过学，上过什么样的课等等。学生的申请资料有些被一位老师看过，有些是几位老师一起看。

问题：宾大在审阅这么多的申请材料时，有没有某个“死穴”或者“通关法宝”来迅速决定申请者肯定有戏或者肯定没戏？

Connell：我们审阅的过程是十分私人的，所以标准会有稍微差别，但是比方说你把要求的短文写成了一篇论文那是肯定不行的，你要根据规定的规范完成你自己的故事，用你的故事打动我们。

问题：标准化考试在你们的招生过程中占多大比重？

Connell：这对衡量这个学生的学术水平来说太重要了，我们需要知道你在你之前的教育系统中的学术表现是怎么样的，你的学校知名度如何，你的老师对你的评价怎样。但同时也希望大家注意美国的教育非常讲究课上的交流，太“钻研”学问的显然不是我们想要的对象。除此之外，你的英语水平需要过关，尤其是写作水平。因为即使你进来研究物理，你也需要写学术报告，英语不好没有办法完成指定的工作。口语也非常重要，这就是为什么我会强调托福成绩重要的原因。如果你的阅读、写作分数很高，而口语分数比较低，我们会安排面试加试，看看你的口语水平究竟怎么样。当然不会是由一个因素定终身。

问题：宾大在录取学生的时候会不会参考中国国内的“高考”成绩？

Connell：越多的背景资料越有助于我们来了解你，我们不会限定中国学生的高考成绩要达到多少分，它可以作为一个学术表现的参考。

07 哥大招生官讲述真实审批过程

以下是由哥伦比亚大学前任招生官讲述的一个真实的申请流程故事。

在哥伦比亚大学，你知道我们会选择何时开始审阅申请者们的申请材料吗？我总是喜欢在晚上八点，天完全黑了之后再开始。那时候很安静，只有我和申请者。

我打开电脑（几乎每所学校都是线上审阅），开启系统软件开始审阅材料。首先，我必须得决定从哪儿开始。因为我们是按地区审阅，所以我首先得选择一个地区。接着我会审阅那个地区所有申请者的申请材料，共 400 名申请者。我查看推荐最多申请者的学校，有一所学校共推荐了 40 名学生。这会花费我约 8 小时的时间进行审阅，每个学生约 15 分钟。我将在凌晨 4 点离开办公室，但好在我可以在办公室睡觉！我打开音乐，让房间充满能量。我从 GPA 最高的学生开始审阅。

第一个申请者： GPA97 分（100 分制），男生，对数学感兴趣，国际生，但是我不知道他的母语是什么。

◇ 我查看他的成绩单确认 GPA 是否一致。GPA 错误

招生部希望简化我的工作，但是他们却没注意到这名学生就读过两所高中。97 分只是其中一所学校的 GPA。因此我得亲自重新计算。我审阅他的学校档案，这是一所重点学校，档案里记录了学校所提供的课程和成绩计算方式。根据该校的 GPA 计算方式，我计算的结果为 92 分，因为该学生 9 年级的成绩不是特别优异。就此来说，他不是该校最优秀的学生。确定 GPA 之后，我开始从学校档案（从中我可以得知难度最大的课程是哪些）查看该生所选择的课程。这个档案很好，它记录了该生每一科的最高成绩！我从中得知原来他选择了 11 年级难度最大的数学课（除他之外，班里只有 5 名学生也选择了此课程），并取得了最高分。这特别厉害。然后我看到了他的英语成绩。他选择的是常规英语课程。他的英语成绩还不错，我开始疑惑他选择常规英语课程的原因。他的学校不允许他选择难度更大的英语课？他是否更关心高分 GPA？我在招生官发言区留下备注，我们内部的交流术语，“人文科学选课难度较低，数学成绩优异，推荐信需待明确。”

本应花 3 分钟完成的审阅流程，最终却花了 5 分钟，因为得重新计算 GPA。

◇ 推荐信

有趣的是，他选择了他的英语老师作为推荐人。他的老师谈到他刚来这所学校时面对的挫折。因为词汇量匮乏，他被迫选择难度较低的英语课程。但是这并没有压倒他。相反，他变得孜孜不倦，总是希望越做越好。每天放学后，他都会请求老师辅导，并带着矿泉水作为对老师的感谢。我知道他的家境比其他同学贫困，直到中学才有机会学习英语，对此他感觉很遗憾，但却又不得不接受事实。我开始明白他选择难度较低的英语课程的原因。我开始对他有好感。在我审阅完其他推荐信后，我对他的好感明显加剧。

9 分钟过去了。

◇ 学生简历

我从人口资料开始。该生被称作 Bob，他之前从未来过美国，母语为中文，无兄弟姐妹。母亲毕业于一所大专学校，父亲从未上过大学，但现在运营一家采矿公司。这看起来十分有趣。如果父亲拥有一家采矿公司，为什么该生会比其他同学贫困？推荐老师在撒谎？但是她的父母都没上过 4 年制的大学。这个公司应该是最近才开创的，然后发展迅速。他们可能称得上富裕，但并不算大富大贵。致富经历的不同，让人们更加清楚如何利用他们的金钱。

10 分钟过去（但这一部分只用了 1 分钟）。

◇ 课外活动

该生在学校没有任何担任领导的经历。他在数学组中赢过一次市级竞赛，全国排名第三。这还不错。他创建了一个独立的项目（这从某种程度上来说，可以算是一种领导力的表现），创造了一个决定级别的数学公式。我想要了解更多关于这个数学公式的信息，真希望他能将此写进文书！

◇ 考试成绩

他参加了 8 科 AP 课程考试，但是学校并不提供 AP 课程。可能我是招生官中比较特殊的一位，但对此我有点恼怒了。这听起来好像某人给了他错误的建议。他本可以花更多时间发展自己的领导力而不是担心这些没必要的考试。但是至少它们都是全科 5 分或只有一科是 4 分的成绩。该生还是很有天赋的。考试成绩优异：SAT670/780/700（2 150），SAT2 中物理、数学和化学满分，文学 740，这也很令人钦佩。尽管他选择了难度较低的英语课程，但仍然表现优秀。这是我没料到的。他的 TOEFL 成绩 105，这有一点点让人不安。这比我想象的要低一些。然而不管怎样，他的考试成绩和我之前8分钟所知的一致，这名学生学术表现优异。事实上，我并不那么在意他的考试分数，因为成绩优异是一名好学生的征兆，而不是一名好学生的原因。好学生的考试成绩都很优秀。Bob是一名好学生。但是我会喜欢他的性格吗?

12分钟过去了。

◇ 文书平淡无奇

当我们在审阅完文书之后感觉无特别之处或无任何感情波动时，我们则称之为平淡无奇。他的文书中提到了他在一个小村庄参加志愿者的活动经历。他在那儿教书。在这一季招生时段中，我怀疑这已经不是我第一次审阅诸如此类的文书了。

但是我后来发现了一些独特之处，这是几个简单的句子。“我看着这些学生。来自学校的校友们自豪地帮助着这些孩子，这些年轻的村庄学生们也快乐地玩耍着。但是我却为此难过。我感觉他们并不了解对方。但是我了解。因为在我生命中的大多数时间里，我就是一个来自小村庄的男孩。”

◇ 哇，自我认知，社会感知

这是很有深度的东西。虽然这并不是一篇措辞精美的文书，没有华丽的辞藻，但是我在意的并不是措辞，而是文书中表露的情感。他拥有将自己置身于环境之外，理性分析环境的能力。我专心致志地审阅着文书的其余部分，尝试着了解这篇志愿者文书与我审阅过的和将要审阅的诸如此类的文书的不同之处。我深深地陷入了“思想泉流”。我开始了解他是谁和他的想法，以及这与老师的推荐信、课程、成绩和期望的联系。我写下备注:“这个学生很优秀。”事实上，在我看来这不仅仅只是一篇关于志愿者活动的文书。我们在乎的并不是文书的主题，而是学生在文书中展现的思考问题的方式。我知道，这名学生可以很好地适应世界各地的生活环境。他会从他人身上学习，分析问题，处理并解决生活中的困难。他可以加入到我们的团体当中，成为一名优秀的贡献者。

14分钟过去了。

我看着时钟，希望在15分钟内完成。我沮丧而悲伤，因为这意味着我将更加痛苦，并不得不更晚入睡。但是我享受此次审阅，因为了解了这个学生。

◇ 补充文书

他在文书中提到了他创造的数学公式，并将此作为申请数学学习的理由之一。这二者之间的关联天衣无缝。但是我也为文书中的一些语法错误而感到失望。他书写这篇文书时似乎并没有像书写其他文书那样用心，但是我对此仍然感觉不错。

这还有一封来自学生父亲一个朋友的额外推荐信。我想看看我是否知道这位推荐人，但是我不知道，我继续阅读着……

◇ 面试

面试评分为 4 分，总分 5 分，总的来说还不错。我接着审阅面试报告。面试官说这名学生特别木讷，但是他让你感觉好像木讷的人理应征服这个世界。我笑了。这名面试官备注说，这名学生没有英语交流障碍，上课应该没有问题。我对此特别欣慰。我继续完成我的报告。“这名学生是我在整个申请时段中觉得最好的孩子了，但是我们最好在审阅完所有学生材料后再做出最后的决定。我们将看到他一步步成长起来。无论是他的考试成绩、背景都让他从所有来自同一高中的学生中脱颖而出，但是难度较低的英语课程意味着我们可能会找到更具优势的学生。如果非得说出我的担忧，那就是他的 TOEFL 成绩，因为这确实低于我们通常招收的国际生 TOEFL 平均分要求。”

我将该生的申请材料存入电子等候区，我们称之为委员会讨论队列。17 分钟过去了。

2 个月过去了，我重新查看 Bob 的材料。现在，我已经审阅过很多在 TOEFL 成绩、领导力、学术研究和推荐信方面都比他优秀的学生。但是并没有一个学生在各方面都比他优越。比起和 Bob 来自同一高中的其他同学，我还是更喜欢他。我和其他不是特别明确 Bob 情况的同事展开讨论。我们决定在审阅完同一地区的 400 名申请者的材料后再决定是否录取 Bob。我们完成了所有的审阅，录取了 4 名学生，然后回到 Bob。我们的沟通时间比较长，我可以从其他招生官的眼中看出，这真的就要发生了，我们决定录取 Bob 了！这不是因为 Bob 比其他学生更优秀，这并没有“更好”，因为我们查阅了太多不同的学生。但是回到文书部分，我们何曾审阅过一名可以完美适应自己社会经济情况的学生？我的同事们说他们没有遇见过。他们认识到了我在 17 分钟内发现的所有。Bob 对于数学热情高涨，他希望学习之余同样提升其他方面，他具有分析社会情境的能力。他将比来自同一地区的其他学校和来自同一高中的其他同学带给课堂更多的积极影响。他值得被发现，他被录取了。他是同一地区 400 名申请者中第五个被录取的学生。

编后语：从文章中我们不难看出美国高校招生的灵活性。一方面，我们平常所提的硬件条件（GPA、TOEFL/IELTS、GRE/GMAT）固然重要，因为这是面试官在见到学生本人之前，评价学生学习能力的基本条件，但是成绩优异也并非是决定因素，像案例中提到的 Bob，他的托福成绩并不是很理想。优异的背景条件展示了这名学生具有较强的学术潜力；文案申请材料，体现了学生较强的社会情境分析能力，并强烈地期望成为一名优秀的贡献者。另一方面，每个环节连接相当紧密，为什么选修较为简单的英语科目，为什么选择英语老师作为申请的推荐人，这对准备工作提出了很高的要求。情境设置丝丝入扣，从每一个环节上展示出学生对于数学的热情。另外，招生难免会受到招生官主观因素的影响，所以不同的招生官会得出不同的结果。好在选出的学生会在第二轮被进一步讨论，这使得美国大学的招生环节谨慎而又不失灵活！这也体现出了中美教育的不同。

08 名校招生官：别以为我们不了解中国高中

只有经过长期系统规划，才能成功留学！

下面这篇文章阐述了一个简单的道理：留学不是“临走前一年再准备就来得及的事情”，更不是高考无望后的备选方案！因为海外名校筛选的是真正的精英，而精英是怎么都“包装”不出来的！

很多海外名校都是千里挑一的录取比例，什么样的学生才能真正打动面试官是众多中国家长和学生苦苦思考的问题！是不是经过中介包装，申请成功的概率会更大一些？是不是平时学习成绩都不重要，只要标准化考试成绩好就可以了？到底什么样的课外活动才有助于留学申请，现做行吗……让我们看看前任耶鲁招生官、常春藤项目总负责人 Lloyd Peterson、原西北大学、达特茅斯学院前高级招生官 Landis Fryer 和麻省理工学院前任高级招生官 Tara Dowling 等名校招生官对于这些问题的回答。

学生：招生官，你了解中国高中吗？中国的每所中学，要求都各不相同。比如我所在的中学平时考试非常严格，学生的平均 GPA 只有 3 分左右，远远低于其他中学。请问，国外名校的招生官究竟对中国的名牌高中有多少了解？

招生官：别以为我们不了解中国的中学情况，至少我们对北京和上海的中学情况有具体的了解。坦率说，我们并不对中国的中学进行排名，但是我们非常清楚你的学校有多大竞争力。即使这所学校并不有名，但是我们能通过你的成绩单，知道你在学校的表现。

我们很重视学生的平时成绩，也就是 GPA。因为当一个学生的平时分数与考试成绩不一致时，只能说明他很善于考试，但很可能连平时的功课都不做。对我们而言，即便是 SAT1、SAT2 都考出了满分，如果平时成绩不行，仍会被拒绝，平时成绩是一个重要的考量指标。

当然，如果学生在一所非常严格的高中，得到的是比较低的 GPA，在这样的情况下，我们会选择跟学校联系，因为学校有自己的档案，我们通过学校了解他们所教授课程的难度，还有他们的学生在整个学生群体中的位次。我们希望看到你在你所擅长的科目中挑战自己，我们更喜欢学生在高难度的课程上得到 B，而不是在简单课程上得到 A。

学生：什么样的课外活动才受欢迎？美国高校一再强调申请人的课外活动能力，但还是有很多人被学校拒之门外，课外活动参与度如何评估？

招生官：我曾经面试过一个学生，她说自己擅长唱歌。我问她，你参加合唱吗？参加比赛或演出吗？我想要的是，这个学生所参加的活动对社会的影响。但是她说没有。我很奇怪，你喜欢唱歌，那么你在哪里唱歌呢？她说她只在洗澡的时候唱歌。我只能说，这是一个非常小的“社区”，没有对任何人产生影响。几乎所有的中学生都知道申请美国的学校社会活动很重要，但其实我们看重的是：持久的社会活动和对社会有一定影响的活动。

很多学生认为学习刻苦、成绩出色就可以被大学录取，实际上这是不够的。我们的想法是，如果你每天回家除了学习，别的什么都不做，那么理所当然你应该得到A。相比之下，另一个学生成绩和你一样，但是却参加了许多重要的课外活动，很明显，我们会偏爱后者。

对于美国名校来说，什么样的课外活动更重要或者学生必须做些什么，是没有统一标准的。但是大多数学校希望看到一个短小而集中的活动目录，并且希望了解的是“你有多么投入、你从中学到了什么、你又给予了什么”，很多美国学校还希望学生从高一到高三都坚持从事一项活动，但中国的学生常常是努力学习，直到高三才突然意识到申请学校的时候需要课外活动，这时候去补这一课就太迟了。

加州伯克利分校、康奈尔大学以及哥伦比亚大学这样的名校，对社会活动还有更多要求——在课外活动中所取得的成就，比如在活动中发挥的作用。但是学生所参加的活动能够对社区产生影响，这也很重要。

学生：招生官能识别中介包装的材料吗？如果我是自己写申请材料，而别人是通过中介包装的，那么是不是我就会败给那些经熟练而有技巧的中介包装过的学生呢？

招生官：我觉得大家应该把大学入学申请作为你大学的第一课。难道你们希望你们在第一课上就作弊，是别人代替你，而你却毫无收获吗？我们一直惊讶于中国学生的能力，你们能够做好很多事情，并且在入学后也很优秀，因此对于申请大学这个“大学第一课”不要作弊，不要让别人偷窃了属于你的宝贵经历。

在写个人陈述、申请文章时，你们可以寻求帮助，但是别让别人代替你写，因为17岁的人只会写出17岁的内容，让别人代替很可能会被我们看穿。而且说实话，再好的文章也不能决定你是否被录取，录取决定是根据多项标准综合评估做出的。

我们了解中介在中国所扮演的角色，也许我们并不能一眼看出申请材料是否有中介参与其中，但是当我们比对申请人的学习成绩和他们的个人陈述时，往往会发现其中有某种程度的不一致。很多时候，我们还会打电话给学校，跟老师交流，有时我们也会跟学生交流，如果在交流中确认了我们的怀疑，那么我们所做的决定通常是“录取待定”，当然也可能干脆直接拒绝这位学生。

第四章

常春藤名校全套申请文书集锦

众所周知，申请常春藤名校时，申请文书在录取时起着很重要的作用。本章收录了包括哈佛大学、宾夕法尼亚大学沃顿商学院、斯坦福大学、哥伦比亚大学、加州理工大学等名校的全套申请文书，揭秘什么才是赢得所有招生官青睐的超完美版申请文书。

01 宾夕法尼亚大学沃顿商学院

01 学校简介

美国宾夕法尼亚大学沃顿商学院位于费城，是世界首屈一指的商学院。沃顿商学院创立于 1881 年，是美国第一所大学商学院。学校的使命是通过总结、传播商业知识和培养领导人才来促进世界的发展。沃顿在商业实践的各个领域有着深远的影响，包括全球策略、金融、风险和保险、卫生保健、法律与道德、不动产和公共政策等。它的商业教育模式是在教学、研究、出版和服务中处处强调领导能力、企业家精神、创新能力。

学院不仅在培养未来的商界精英，同时致力于为商界提供深入研究，并且它是世界上领先的商业知识创新机构。为实现这个目标就需要用跨学科方法从事研究并和商界紧密联系。沃顿的 18 个研究中心就起到了这样的作用，这些研究中心包括领导力和应变管理、创业管理、电子商务和商业改革等。这些研究中心让教授、学生以及工商界成员共同研究和分析商务问题。

沃顿是全球认可的领先商学院

下面是一些权威媒体对沃顿商学院作出的评比。

（1）美国《商业周刊》（全美最有影响的商学院排名榜发布媒体，每两年发布一次商学院排名）

2004 年 : 全美最佳商学院排行榜中名列第一

2000 年 : 全美最佳商学院排行榜中名列第一

1998 年 : 全美最佳商学院排行榜中名列第一

1996 年 : 全美最佳商学院排行榜中名列第一

（2）英国《金融时报》

2005 年 : 全球最佳商学院排行榜中名列第一

2004 年 : 全球最佳商学院排行榜中名列第一

2003 年：全球最佳商学院排行榜中名列第一

2002 年：全球最佳商学院排行榜中名列第一

（3）美国《华尔街日报》（美国最大财经金融类报纸）

在 2004 年 3 月发布的全球商学院排行榜上，宾夕法尼亚大学沃顿商学院被选为最佳商学院。

具有创新精神和前瞻性的沃顿——“沃顿的第一”

第一所专业管理学院。当约瑟·沃顿在 1881 年建立世界上第一所管理学院时，他坚信未来的商业领导者需要接受全面的富有生机的教育，这种理念已经改变了 20 世纪公司和团队领导的方式。

第一所提供供企业家学习的 MBA 完整课程的学院——经过一个世纪的创新，沃顿已经能为学生们提供世界上最先进和最现代化的 MBA 教育；第一所提供管理和外语双专业的学院；第一所提供工商管理和硕士双学位课程的学院。

第一所提供国际论坛的学院——最早的高级经理人全球课程之一；第一所提供完整的本科国际工商课程的学院—— Huntsman 国际研究和商务课程。

而这些创新现在都被世界各个商学院所效仿及推广，成为一种教育方式的潮流。所以沃顿商学院是全球 MBA 教学教育的领跑者！

学校网址：http://www.wharton.upenn.edu/

02 申请文书

Considering both the specific undergraduate school or program to which you are applying and the broader University of Pennsylvania community, what academic, research, and/or extracurricular paths do you see yourself exploring at Penn?

Business and economics have been my passion ever since I realized what a tremendous impact an economic event can have on a person's life. The Economic Reform and Opening-Up of China in the 1980's made it financially possible for my family to immigrate to Canada, while the recent economic crisis forced my best friend to move back to Korea. I am intrigued by the possibilities of business: it is the perfect area of studies for someone who enjoys numbers, taking calculated risks, and living all over the world. I think the best way to learn is through guided, yet independent inquiry, and Wharton provides the best opportunities to do that.

Although I greatly appreciate the breadth of the combined liberal arts courses at Wharton, as I believe Economics involves aspects of History, Philosophy, and so on, I am enchanted by the sophistication of ECON 010 and MATH 104, both of which I will study in freshman year. I hope that my participation and achievements in numerous math and business contests will serve as the platform for academic excellence in university. I am excited about "Management 100", because I am concerned with improving my skills in "how to learn" as well as "what to learn". The challenges of a field project will give me the opportunity to develop as a leader, a group worker, and an effective communicator. The project will increase my awareness about community issues, and I may even be able to address some of the global issues I've encountered in my past summers. I enjoyed writing the 4, 000-word research essay I had conducted on the motives of the Chinese government's implementation of a price ceiling on the electricity market. Therefore, I would also like to apply for the Wharton Research Program.

Given my high school record of being an ambassador, a peer supporter, and a debating society executive, I would like to become a cohort leader in sophomore year. I like the idea of "giving back to the community" because I'm certain that in freshman year, I will need the support. Another unique feature at UPenn that appeals to me greatly is the Wharton Leadership Ventures. I have never climbed a mountain that is more than 400 meters high, nor have I white-water rafted, so I hope the Ventures will push my limits. After all, I think that a great deal of business is based on leadership, team work, and risk-taking. I have also developed the habit of volunteering in a less developed area of the world each summer. The Botswana UPenn Partnership allows me to continue my journey.

For my junior or senior year, I have a grand vision of going to Spain through the Penn Abroad Program. Of course, I will have been studying Spanish for 3 years by then, and the Universidad Pontificia Comillas (ICADE) in Madrid offers not only relevant courses but also internship opportunities. I agree with Bill Clinton's view on globalization: "Globalization is the economic equivalent of a force of nature." I have travelled around the world. I speak English and Mandarin. Now I can become a true global worker, since I will be able to speak Spanish and have a wider range of cultural perspectives. (I consider these three languages to be the most important in the business world, since English is the most wide-spread language, Mandarin is the language spoken by most people, and Spanish is the official language of the largest number of countries.)

I am confident about the future I have painted, but I am also open to the prospect of exploration and discovery in university. I believe that at Wharton, UPenn, I would be able to achieve my dream of starting a business that adds value to the world.

03 文书翻译

思考一下你所申请的本科院校或项目和宾夕法尼亚大学周围的生活、学术环境，你认为，当你加入宾夕法尼亚大学后，你将会参与什么学术研究、课外活动？

自从我意识到经济领域的事件对个人日常生活产生的巨大影响后，我就一直对商业和经济很感兴趣。20 世纪 80 年代中国实行经济领域的改革开放，我家因此才有一定的经济基础移民加拿大。然而，由于 2008 年爆发的金融危机，我来自韩国的好友，因经济困难，不得不退学回国。商业领域中存在无数的可能性，这引起了我极大的兴趣：对于对数字敏感，愿意冒可估算风险，且四海为家的我来说，这一领域真的是很适合我。我认为学习的最佳方式就是在指导下，独立地探索学习，而我相信宾夕法尼亚大学沃顿商学院能够提供这种机会。

我认为经济学也涉及历史、哲学等很多其他学科的知识，因此，我很欣赏沃顿商学院设置涉及广泛知识的大文科课程。但我对“经济学 010 号”课程和“数学 104 号”课程更为痴迷，一想到在大学一年级我就有机会学习这两门课程，我就欣喜若狂。我希望我参加过很多数学和商业竞赛的经验和在这些竞赛中取得的优异成绩，将会为我未来在大学中再接再厉取得优异成绩奠定良好的基础。我非常渴望学习“管理 100 号”，因为我很关注提高关于怎样学习和学什么的技巧。我认为实地项目固然会让我面临许多挑战，但这些挑战也将为我提供让我成长为一个领导者、团队合作者及高效的交流者的机会。我认为实地项目将会加深我对社区问题的认识，而且我也很希望在做实地项目的过程中，我能够借助其经验解决我在刚过去的夏天所思考的一些全球问题。我曾经自行撰写过一篇分析中国政府对电力市场实行价格限制动机的 4 000 字的论文，我很享受其间调研、整理的过程。因此，当我入学沃顿商学院后，我也很希望申请加入沃顿商学院的研究项目。

在高中时代，我曾经担任过学校的中加两国的文化交流大使、教师助理、辩论组组长，这使我有了丰富的经验，我想在我入学之后，我将会在大二那年竞选学生会主席。我赞同“回馈社区”的理念，因为，作为大一新生的我，肯定需要帮助。宾夕法尼亚大学沃顿商学院还有一个非常独特的活动也真的让我很感兴趣，那就是“沃顿领导人才大冒险”，我从来都没有爬过高于 400 米的山，没有去过河里漂流，我很希望通过“沃顿领导人才大冒险”活动来突破我的极限。毕竟，我认为商业上的成功绝大部分依赖于领导力、团队合作和冒险精神。在过去的几年里，每年暑假我都会申请去一些欠发达地区做志愿者。而贵院举办的“博茨瓦纳互助项目”将会给我机会，让我得以继续我志愿者的旅程。

我打算入学后就开始学习西班牙语，在大学三年级或是四年级，我希望通过宾夕法尼亚大学的出国学习项目，去位于西班牙马德里的卡米亚斯大主教大学学习相关课程，并且做一些实习工作。我很赞同比尔·克林顿关于全球化的观点——全球化是自然的力量在经济领域中的体现。我到过全球很多地方。我的母语是中文，我可以像说母语一样地讲英文，而如果以后我也能够讲西班牙语，我将会有更宽广的文化视角，那时，我将会成为一名真正的国际工作者(我认为中文、英语、西班牙语这三种语言在未来的商业世界中，将起到中流砥柱的作用，因为英语是被应用最广泛的语言，而中文则是使用人数最多的语言，西班牙语则是最多国家采用的官方语言）。

我对我所计划的未来充满了信心，但与此同时，我也很期待在大学中的探索和发现能给我带来更多别样的风景。我相信，通过在宾夕法尼亚大学沃顿商学院的学习，我将会有实现我梦想的能力，通过自主创业，来使这个世界变得更有意义。

02 哥伦比亚大学

01 学校简介

“她的学生在联合国学政治，在华尔街读金融，在百老汇看戏剧，在林肯中心听音乐。她是美国最古老的五所大学之一。欧元之父蒙代尔在这里留下光辉的足迹，基因学的奠基人摩尔根在这里掀起生物界最彻底的革命！美国新闻界至高无上的普利策奖在这里诞生。这里拥有美国第一所授予博士学位的医学院。美国前总统罗斯福、联合国前秘书长加林曾在这里求学，胡适、徐志摩、李政道等著名学者在这里留下了青春的脚步。250 年来科学与艺术是她永恒不变的主题！”

哥伦比亚大学是世界上最具声望的高等学府。它位于美国纽约市曼哈顿的晨边高地，濒临哈德逊河，在中央公园北面。它于 1754 年根据英国国王乔治二世颁布的《国王宪章》而成立，被命名为国王学院，是美洲大陆最古老的学院之一。美国独立战争后为纪念发现美洲大陆的哥伦布而被更名为哥伦比亚学院，1896 年成为哥伦比亚大学。

哥伦比亚大学属于私立的常春藤盟校，由 3 个本科生院和 13 个研究生院构成。现有教授 3 000 多人，学生 2 万余人，校友 25 万人，遍布世界 150 多个国家。学校每年预算经费约 20 亿美元，图书馆藏书 870 万册。哥伦比亚学院是美国最早进行通才教育的本科生院，至今仍保持着美国大学中最严格的核心课程。它的研究生院更是以卓越的学术成就而闻名。整个 20 世纪上半叶，哥伦比亚大学和哈佛大学及芝加哥大学一起被公认为美国高等教育的三强。此外，学校的教育学院、医学院、法学院、商学院和新闻学院都名列前茅。其新闻学院颁发的普利策奖是美国文学和新闻界的最高荣誉。其教育学院是全世界最大、课程设置最全面的教育学院之一。

哥伦比亚大学历届毕业生和教职员中共有 97 名诺贝尔奖得奖者，在世界各大学中排名第一。

哥伦比亚大学是美国首批开设专门的医学院、法学院的学校之一。现在医学院的校区和主校区分开，设在纽约市上城的布朗克斯区。哥大的风格是多元化、开明与革新、通才全识。

哥大有招收中国学生的传统，每年至少有 200 名中国学生到哥大就读研究生。近年来，开始有攻读本科的学生出现。申请本科的学生需要注意，哥大还有一个附属的女子本科学院，叫伯纳德女校，与哥大校园一街之隔，大部分在哥大读研的同学可能都去伯纳德学院教过实验或讲过课。伯纳德女校排名很靠前，竞争激烈，而且近年来居然开始招收极少数的男生，很是让人费解。值得一提的是，哥大的工程学院是一位华侨捐资协办的，每年都有固定的 10 多个名额给予中国学生。

现在，哥大有 2 万多名学生，其中近 8 000 人为研究生，学校设有 100 多个学科专业。由于实力雄厚和师资力量强大，这些专业基本上都可以授予硕士、博士学位。其主要的学院和研究中心有社会科学研究中心、放射实验室、生物实验室、空间飞行研究中心、伯纳德女校、师范学院、神学院、文理学院、工程与应用科学学院、国际事务和关系学院、新闻学院、医学院、护理学院、社会工作学院、商学院、建筑学院、法学院、艺术与科学研究院、口腔和牙科学院、公共卫生学院等。

在哥大就读的中国学生多选择以下几个专业：国际事务、国际传媒、国际经济与关系、新闻学、图书馆学、社会学、社会工作和服务、建筑工程、建筑设计、数学、统计学、法语、德语、生物工程、分子生物学、实验物理、理论物理、天体研究、电子工程、工业关系、计算机科学、生物医学、药理学、牙科材料、比较政治学、东亚语言、汉语语言教学等。

下面重点介绍一下哥伦比亚大学商学院。

哥伦比亚大学商学院坐落于世界金融中心纽约，依其独特优势与华尔街等金融界保持密切的联系。商学院现有会计、决策、风险及实施操作、金融与经济、企业管理及市场营销等研究方向。其师资实力雄厚，拥有各相关领域的权威和专家，其中斯蒂格利兹(Joseph Stiglitz)教授在 2001 年获得诺贝尔经济学奖，并在 1995 年至 1997 年期间担任克林顿政府总统智囊团顾问。在《美国新闻与世界报道》两年一次和《商业周刊》年度的商学院排名中，哥伦比亚大学商学院一直名列前茅，是当之无愧的一流商学院，尤其是金融学科，连续多年位列三甲，多次名列第一。现任商学院院长格伦 · 哈伯德是国际知名的经济学家，拥有哈佛大学的经济学博士学位，曾任布什政府总统经济顾问委员会主席、首席顾问。

享誉盛名的股市投资奇才沃伦 · 巴菲特，在哥伦比亚大学就读时即师从当时在哥伦比亚商学院任教的“价值投资学派”的创始人、现代证券分析之父——本杰明 · 格雷厄姆(Benjamin Graham)。格雷厄姆教授被誉为“华尔街院长”，他的“商品 — 储备货币”思想深得凯恩斯、弗里德曼等经济学家的认同。

哥伦比亚大学商学院高级管理人员培训教育，始终在《金融时报》等调查中名列前茅。2004 年，在《商业周刊》统计的美国高级管理人员培训项目排名中，哥伦比亚大学商学院高管培训项目名列第一。

哥伦比亚大学商学院高管培训课程旨在通过对世界经济商务中最新理论和趋势等的研究，培养学员全球视野；创造和分享知识和经验，使管理人员与他们的团队创造更卓越的业绩。其高管培训分为个人申请项目和为企业相关需求量身定做的培训项目。

自 1951 年起至今，来自全球 100 多个国家 1 000 多家企业公司的超过 48 000 名高级管理人员从哥大商学院高管培训独特的视角、成效导向的教学方式中获益良多。

负责培训的商学院副院长 Ethan Hanabury 在接受《商业周刊》采访时谈道，“哥伦比亚大学高级管理人员培训教育，尤其在价值投资和金融方向是该领域的权威，始终保持领导者的地位。”

学校网址：http://www.columbia.edu/

02 申请文书

Columbia Supplements

List the books you read for pleasure in the past years. Separate your responses with a comma. (600 characters)

Four Colors Suffice: How the Map Problem Was Solved, *Flatland*, *Five Golden Rules*, *Freakonomics*, *Stephen Roach on the Next Asia: Opportunities and Challenges for* a New *Globalization*, *The Intelligent Investor*, *Macrowikinomics: Rebooting Business and the World*, *An Introduction to Quantum Computing*, *Outliers: The Story of Success*, *Blink: The Power of Thinking without Thinking*, *Life of Pi*, *The Master*, *The Man Game*, *Innocent Traitor*, *Bloodletting* & Miraculous Cures, *The Last Crossing*, *The Shadow of the Wind*, *The Book Thief*, *The Historian*, *People of the Book*, *There Were None.*

List the required readings you enjoyed most in the past years. Separate your responses with a comma. (600 characters)

English Literature: *Hamlet*, *1984*, *The Lost Honor of Katharina Blum*, *Kiss of the Spider Woman*, *Chronicle of a Death Foretold*

Mandarin: *The Poems of Li Bai*, *Dream of the Red Chamber*, *Jane Eyre* (translated), *Pride and Prejudice* (translated).

List the print and/or electronic publications you read regularly. Separate your responses with a comma. (600 characters)

The Economist, *The New York Times*, *CBC News*, *Time*, *National Geographic*, *Globe and Mail*, *Toronto Star*, *Vogue*, *People*; Penguin Classics, *NASA*, *Media Watch*, *Oriental Wealth*, *Europages*, *US National Gallery of Art*, TED.

List the films, performances, exhibits, concerts, shows, etc. you enjoyed most in the past years. Separate your responses with a comma. (600 characters)

I watched most of my favorite performances during Nuit Blanche, an all-night, city-wide arts extravaganza hosted in downtown Toronto. Some highlights were *The Night of Future Past*, *Sound and Vision*, and *The Good Night*. I also enjoyed the play *Fernando Krapp Wrote Me This Letter*, the Chinese Warrior exhibition at Royal Ontario Museum, the Grange Prize 2010 art exhibition at the Art Gallery of Ontario, and movies such as *Harry Potter and the Deathly Hallows* and *The King's Speech*.

Please tell us what you find most appealing about Columbia and why. (1,500 characters)

Warren Buffett once said that his luckiest day was when he picked up *The Intelligent Investor*. Reading the book, I found my hero, Benjamin Graham, and first heard about Columbia.

Since then I have fallen in love with the bustling city of New York being a haven that nourishes the diversity of cultures and the freedom of ideas. Although I greatly appreciate the Core Curriculum, which provides a platform for all knowledge, I'm drawn towards the sophistication of courses such as Econometrics and Financial Economics. I've read *Microeconomics of Market Failures* and numerous related articles, so I'm eager to work with Professor Bernard Salanié, Paul Tetlock, and others.

In the stringent IB program, I'm used to independent study. I genuinely enjoyed writing a paper on the motives of the Chinese government's implementation of a price ceiling on the electricity market, and I hope to deepen my research skills and understanding by conducting a senior thesis at Columbia.

Apart from the rigorous academic program, the aspect that truly defines Columbia is its diversity: in resources, in organizations, in the student body, and in the global web of alumni and faculty. I'd love to explore new clubs such as figure skating, archery, and FEED. In a college that celebrates different perspectives, ideas, and cultures, not only will I feel more at home, but I will come closer to being a true cosmopolitan. Globalization is inevitable, and I believe that Columbia can prepare me best for its extensiveness.

03 文书翻译

哥伦比亚大学申请材料

1. 列举您在过去几年里出于乐趣读过的书，请用逗号分隔你的答案(请用 600 个字符回答此问题)。

《四种颜色逛世界: 地图问题是怎样解决的》,《二维世界》,《五大黄金准则》,《魔鬼经济学》,《史蒂芬·罗奇论下一个是亚洲：新全球化的机遇与挑战》，《智力投资者》，《维基经济学：重振商业和世界》，《量子计算简介》，《异类：不一样的成功启示录》，《眨眼之间：不假思索的思考力量》，《少年 Pi 的奇幻漂流》，《主人》，《人类游戏》，《无辜的叛国者》，《放血》，《最后一次跨越》，《风的阴影》，《偷书贼》，《历史学家》，《圣经上的民族》和《无人生还》。

2. 列举您在过去几年里在学校要求读的书中，您最感兴趣的。请用逗号分隔您的答案(请用 600 个字符回答此问题)。

英国文学类：《哈姆雷特》，《1984》，《丧失荣誉的凯特琳娜》，《蜘蛛女侠之吻》，《预知死亡纪事》。

中文著作：《李白诗集》，《红楼梦》，《简·爱》(译本)，《傲慢与偏见》(译本)。

3. 请列举您定期阅读的纸质刊物或者电子刊物(或者两者皆列举)，请用逗号分隔您的答案(请用 600 个字符回答此问题)。

《经济学家》，《纽约时报》，《CBC 新闻》，《泰晤士报》，《国家地理》，《环球邮报》，《多伦多之星》，《时尚》，《人民》，"企鹅经典系列"，《美国国家航空航天局期刊》，《媒体观察》，《东方财富》，《欧洲黄页》，《美国国家艺术馆》，《用思想的力量改变世界》。

4. 请列举您过去几年中最喜欢的电影、表演、展览、音乐会、演出，请用逗号分隔您的答案(请用 600 个字符回答此问题)。

我在多伦多的时候，当地曾在市中心举办了一场全城的、持续一整夜的艺术盛宴。《时光穿梭之夜》《声音与梦想》《美好的夜晚》等是当晚演出的高潮部分。我很喜欢看戏剧《费南多·克拉珀给我写的信》，喜欢在安大略皇家博物馆举办的"中国武士展"中徜徉，喜欢流连于在安大略市艺术馆举办的"2010 格兰吉摄影艺术奖艺术展"，而在欣赏那些古典艺术的同时，我也为电影《哈利波特与死亡圣器》和《国王的演讲》等而痴狂。

5. 您认为哥伦比亚大学的什么最吸引您及原因(请用 1 500 个字符回答此问题)。

沃伦·巴菲特曾说过，他最幸运的一天就是他拿起《做个智慧投资人》这本书的那一天。而通过阅读此书，我也找到了我的偶像、我的英雄——本杰明·格林汉姆，同时哥伦比亚大学也第一次进入了我的视野。

从那时起，我就不可救药地爱上了纽约这个熙熙攘攘的大都市，这片文化多元、支持自由思想的热土。尽管我也很欣赏贵校设置的基础课程，它为学生广泛学习各个学科的全面知识提供了很好的平台，但同时，我也被计量经济学、金融经济学等课程的精深所吸引。尤其是读过《市场失败的微观经济学》一书和无数相关文章后，我心中对师从伯纳德·萨拉尼教授和保·泰德洛克教授等的渴望更加强烈了。

在要求严格的 IB 课程中，我习惯了独立学习。事实上，我很享受撰写关于中国政府对电力市场价格实行限制的动机分析的论文，而且，我希望通过我在哥伦比亚大学准备大四毕业论文的过程中进一步提高我的调研技巧及我对事务的理解能力。

除了以严谨为特征的学术项目外，我认为真正让哥伦比亚大学久负盛名，成为众多人向往之殿堂的是哥伦比亚大学的多样性。其多样性表现在方方面面，表现在大学的学术资源上，在其组织架构上，在其学生团体中，在其全球校友分布的网络里，在其各具特色、精彩纷呈的院系中。在进入贵校学习后，我很想挑战自己，加入各式各样的有意思的社团，像花样滑冰训练组、剑术团和FEED。在一个文化多元、学生和教师视角独特、想法新颖的大学里，我想它提供给我的不仅是更加舒适自在的生活学习环境，它真正的意义在于给我机会，让我成为一个更具世界视角的综合型人才。全球化是不可避免的趋势，而且我相信，经过在哥伦比亚大学的学习和历练，我能为这场全球化大潮前所未及的广度及深度做好准备。

03 加州理工学院

01 学校简介

加州理工学院(California Institute of Technology，简称为Caltech或CIT)是美国一所久负盛名的大学，位于加利福尼亚州的帕萨蒂纳(Pasadena)，创建于1891年。这所学校规模不算大，只有1 000余名研究生和900余名本科生，然而在《泰晤士报高等教育》2010年世界大学排名中名列全球第2位。而在物理、行星科学、地理学领域其实力公认为全美第一，世界第一。美国*Princeton Review*在2006年把加州理工学院在全美"最难申请上的大学"里排在第六。

加州理工学院被誉为美国乃至世界顶尖的科技理工类学院。占地仅50.18公顷且专业课程有限的加州理工学院，在1999年《美国新闻与世界报道》年度大学排行中名列全美专业性大学第一位，在2010年《美国新闻与世界报道》世界大学排名中名列第10位，在《泰晤士报高等教育》2010年世界大学排名中名列第2位，在上海交通大学2010年世界大学学术排名中名列第6名，在2011年《美国新闻与世界报道》全美大学排名中名列第7位。

这所私立大学的宗旨是"为教育事业、政府及工业发展需要培养富有创造力的科学家和工程师"。迄今为止学校只培养了两万余名学生，但其中有31人32次(鲍林曾两次获奖)获得诺贝尔奖，平均每1 000个毕业学生中有一个诺贝尔奖得主，其得奖比例为世界大学之冠。

加州理工学院仅有2 100多名学生，共有270名教授、副教授、助理教授，其中有66名国家科学院院士、33名国家工程院院士和80名国家艺术科学院院士，相当于现今全体教师的36.7%，这在全美乃至全球是无校出其右的。

加州理工学院拥有世界最顶尖的一批科学家，美国《探索》杂志于2008年评选出了美国20位40岁以下的最聪明的科学家，他们被视为各自研究领域的天才，取得了累累硕果，在这20位天才科学家中加州理工学院的教授竟占4席。

加州理工学院坐落在加州南部的小城帕萨蒂纳镇，距离好莱坞不远，风景宜人，校园安静祥和。这个学校很小，花上20分钟就逛完了。但是学校的惊人之处，其一在于学校的入学条件太过于苛刻，到了疯狂的程度，学校居然要求本科申请学生的高中成绩、SAT分数、课外奖项、发明创造、动手能力和体育才能等等都要出类拔萃；其二在于学费高昂，全美闻名，可以说现在攻读本科一年六万美元根本就不够，这还没算生活费；其三在于很多国家级的机密项目在学校内进行研究，所以对就读学生的审查和检查很严格。

对于中国学生来说，就读一些核心和涉及关键技术的专业是根本不可能的，而申请硕博的同学更是进不了比较高端保密的专业，如航天、航空和原子物理等。这很正常，因为中国的这些专业和美国是有竞争的，就像哈尔滨工业大学这样的学校不会公开招收外国研究生进入核物理专业一样。不仅仅是加州理工学院，美国各大学校的核心专业甚至是基础科学的核心项目，外国学生是很难进入的。这不能怪学校，因为它们拿到赞助时就已经有了这样那样的规定和限制了。所以，中国同学能被录取的院系多年来集中在基础研究专业。总的来说，本学校里的中国研究生很少，读本科的中国同学也是凤毛麟角。

加州理工学院有多位诺贝尔奖获得者，师资力量非常雄厚，课程基本上大多由教授来教，而不是由担任助教的研究生。学校课程分为几个系，而不是设置学院，这些系包括物理系、数学系和天文学系、生物学系、工程与应用科学系、化学和化学工程系、天体研究和太空科学系、人文科学与社会科学系等，主要的研究室包括喷气推进实验室、地震学实验室、天文研究中心、海洋实验室、计算研究中心、生化实验室等。

在加州理工学院就读的中国本科同学选择的主修专业包括生物、化学、理论物理和地质学，在该校就读的研究生同学选择的专业多为化学、植物学、生物工程学、工程材料科学。

学校网址：http://www.caltech.edu/

02 申请文书

Caltech Supplements

What are three adjectives your friends would use to describe you? (250 characters)

My friends would say that I am humorous and exuberant. I don't make fun of everything, but I make the hardest tasks bearable. They also think that I'm empathetic. I don't patronize them by telling them what to do but try to understand how they feel.

Please list three books, along with their authors, which have been particularly meaningful to you. You need not confine yourself to math or science or related texts. (500 characters)

The Historian, Elizabeth Kostova: beautiful blend of history and fiction, taught me much about imagination, persistence, and self-discovery;

Outliers: The Story of Success, Malcolm Gladwell: most intriguing non-fiction about what makes people successful, taught me valuable lessons about study, work, and life;

Four Colors Suffice: How the Map Problem Was Solved, Robin Wilson: approachable presentation of interesting math questions, taught me about human intellect in mathematical innovation.

Caltech students have long been known for their quirky sense of humour and creative pranks and for finding unusual ways to have fun. What is something that you find fun or humorous? (1,000 characters)

"Why did the chicken cross the Mobius strip? To get to the same side." While I enjoy telling my friends jokes and pulling harmless pranks on my baby brother, nothing makes me laugh harder than *The Big Bang Theory*—a TV series that is set in Caltech and makes "nerdy the new sexy." For a theoretical physicist who has an IQ of 187, Dr. Sheldon Cooper and his ineptitude in social interactions create great comedy for the show. Along with his "C-men" (like X-men for Professor Xavier)—the easy-going Leonard who is in love with their beautiful, average neighbor; the horny Howard who still lives with his mother; and the Indian Raj who can't speak to woman unless drunk. Sheldon makes the world of science seem more lovable and accessible by contrast. Through them, I discovered the silly side of science. At the end of the day, science and wittiness make me laugh.

Interest in math, science, or engineering manifests itself in many forms. Caltech professor and Nobel Laureate Richard Feynman (1918—1988) explained, "I'd make a motor, I'd make a gadget that would go off when something passed a photocell, I'd play around with selenium"; he was exploring his interest in science, as he put it, by"piddling around all the time." In a page, more or less, tell the Admissions Committee how you express your interest, curiosity, or excitement about math, science or engineering.

Before answering this question, you might ask those around you—family, friends, or teachers—how they see you as a mathematician, scientist or engineer. They may offer insightful observations!

I was a willful child when I was young. My mother used to joke about me having obsessive-compulsive disorder, because I insisted that my dolls needed to be in an exact sequence, and that any answer I give must be not only correct but in the perfect format. I adored certainty and logic and loathed questions without a right or wrong answer. And so, easily, math became my favorite subject, though I did not understand the full extent of its beauty.

When I was in grade three, I spent all my time memorizing the multiplication table so that I could mentally calculate the product of two two-digit numbers instead of reciting ancient Chinese poems as I was supposed to. In fact, I found the concept of multiplication and the internal logic in mathematics to be so fascinating, that I couldn't help but share my excitement with my peers. I used cardboard to cut out three plates and six apples, put two in each plate, and gathered a group of first-graders to explain why three times two equals six. Of course it became apparent that my endeavor had probably been a waste of time, but to the ten-year-old me, I just couldn't wait to show off my "talent."

As I grew old and my life became more complex, I held on to my love for math. When I was studying in Beijing, the materials I learned in math class were purely theoretical, and a lot of our homework was quite repetitive. I would be lying if I said that I had never complained about the course load, but I soon found fun by extrapolating my own patterns in the repetition of formulae. For example, when I was given five full pages of completing the square, I didn't do it the normal way. Instead, I compared and contrasted one formula to another, hypothesized the outcome, and screamed in joy when my speculations were proven correct. I added my own spice of excitement to math by imagining it as a game. Under extreme pressure and competition in China, I perfected my fundamental mathematic skills, which allowed me to further my interest in math.

Three years ago my family immigrated to Canada. Somehow the paradigm of math began to evolve more around creativity rather than doctrine. I was able to study the subject at my own pace, and by the middle of Grade 10, I had taught myself all we had to know in high school. Along with my interest in fiction, I read and loved books such as *Flatland*, *Mathemagics: How to Look Like a Genius without Really Trying*, and *Five Golden Rules*. The pythagorean theorem, the golden ratio, and the number 142857 struck me with awe for the beauty of math. Although I was taking higher level math in the IB curriculum, I was thirsty for more.

With the encouragement of my math teacher, I hesitantly participated in my first math competition—the national Cayley Contest hosted by the University of Waterloo and the Center for Education in Mathematics and Computing. At first, it seemed wrong to me to compete in something I loved for the pure fun of it, but then I was enchanted by the depth of these questions. I was often forced to think outside the box and to innovate. The solutions were not straightforward, but whenever they are revealed, they are always followed by an "Ah!" I again delved into these contests, hoping to find out more. Amazingly, my excitement for math transferred into numerous math awards. To me, they are the proof of my prolonged journey.

So maybe I don't write numbers on my walls and haven't proven the Goldbach Conjecture. I express my love for math through the small things in life, whether it is solving a challenging question independently or explaining the process of multiplication to first-graders.

03 文书翻译

加州理工学院申请材料

1. 你的朋友会用哪三个形容词来形容你呢？（请用 250 个字符来回答此问题）

我的朋友会说我是一个幽默且精力充沛的人。当然我不会嘲笑任何人、任何事，但我总是能够使即便是最艰巨的任务成为大家能够承受的，他们也会说我是一个能够为他人着想的人，我不会摆出那种高高在上的姿态，告诉我的朋友们他们应该做些什么，而是努力去理解他们的感受。

2. 请你列举三本对你有特殊意义的书，并写出它们的作者，题材不仅限于数学、科学或相关内容。(请用 500 个字符来回答此问题)

《历史学家》，伊丽莎白·科斯特娃著。这本书把历史与科幻结合的是如此美丽，让我了解了很多关于想象、执著和自我发现的东西。

《异类：不一样的成功启示录》，迈尔克姆·格拉德沃尔著。这是一本特别能够引起人兴趣且非科幻地讲述如何让人成功的书，教会了我有关学习、工作和生活方面很多有价值的东西。

《四种颜色逛世界：地图问题是怎样解决的》，罗宾·威尔逊著。这本书以深入浅出的方式解释了有趣的数学问题，让我了解了人类智力在数学创新过程中所发挥的巨大作用。

3. 众所周知，加州理工学院的学生一直以其古怪的幽默感、有创意的恶作剧、用非同寻常的方式为自己找乐而闻名于世，你认为什么事情有趣或有幽默感呢？(请用 1 000 个字符来回答此问题)

“为什么一只鸡穿过麦比乌斯带？它想去它原来所在的那一面”(注：麦比乌斯带只有一面)(出自《生活大爆炸》)。我很喜欢给我的朋友们讲笑话，用一些毫无恶意的恶作剧来捉弄我的小弟弟，但是没有什么能比取景拍摄于加州理工学院的电视剧《生活大爆炸》更让我开怀大笑了。这部电视剧让人们对书呆子的印象有所改变，认为他们以一种离奇的方式很性感。剧中的谢尔丹·库珀博士是一位智商值高达 187 的理论物理学家，他在社交方面的愚蠢且不恰当的举动是该剧中喜剧成分的一大亮点；平易近人的赖纳德，在剧中与库珀一样爱上了他们美丽的在生活和事业中却也很平庸的女邻居；饥渴却只能和他妈妈住在一起的爱德华；还有来自印度的拉吉，在剧中如果他不喝醉就不敢和女生说话。谢尔丹让科学的世界更加可爱且相对来说容易理解和接近了。通过他们，我发现了科学那傻傻的一面。最终，只有科学和机智让我开怀。

4. 对数学、科学或工程的兴趣能以各种形式显现出来，加州理工学院的教授同时也是诺贝尔奖得主的理查德·费曼(1918—1988)这样解释：我想要制造一个发动机；我想要制造一个小机械，当有东西照过光电池时，它会停止转动；我想要玩转硒元素。他在探索他在科学里的兴趣，就像他说的那样，在科学里面“鬼混”。请您在本试题里，或多或少地向录取委员会表达你是怎样表达你对数学、科学或工程的兴趣、好奇或兴奋的感觉的。在回答此问题之前，你可以先问一问你的家人、朋友或老师，他们是怎么看你作为一名数学家、科学家或者工程师的，他们可能会为你提供一些有见地的意见。

当我还是个小孩子时，我非常固执。妈妈曾经开玩笑地说我对顺序有一种近乎强迫的痴迷，因为我坚持我的布娃娃必须按照一定的顺序来摆放，而且对于问题我给出的任何答案必须不仅正确而且还需要以完美的形式展现，我喜欢确定性和逻辑，讨厌那些没有正确或错误答案的问题。因此，自然而然地，数学成为了我最喜欢的科目，尽管那时我还没有充分理解它的美丽。

当我还在读小学三年级时，我没有背诵父母认为我应该背诵的诗歌，而是夜以继日地背诵乘法表，以便我可以心算两个两位数数字的乘积。我觉得乘法的概念和数学中的内在逻辑是如此有趣，我情不自禁地与我的同学分享我的喜悦。我曾经用硬纸板将三个盘子和六个苹果分割开来，将两个苹果放到一个盘子里。然后召集起一组一年级的学弟学妹，向他们解释为什么三乘以二等于六。当然，大家都能够看得出来，我的这番行动只是浪费时间，但是，想一想，对于还只有 10 岁的我来说，这只是等不及去炫耀我的“天分”的一种表现。

随着年龄的增长，我的生活变得越来越复杂，我仍旧热爱数学。但是当我还在北京学习的时候，我在课堂上学习的东西可以说是纯理论性质的，而且我们大部分的家庭作业都是重复性的，如果我说我从来都没有抱怨过沉重的课业负担，那我真的是在说谎。但后来我发现在重复公式的同时推断出我自己的答案也是非常有趣的。例如，当老师给我五整页作业纸，让我完成一个正方形题目时，我并没有用正常的方式来完成它，相反，我对两个公式进行了比较，对结果进行了假设，而当最终结果证明我的猜想是正确的时候，我喜悦地尖叫了起来。通过将数学想象成一种游戏，我在数学里面添加了一丝所独属于我的兴奋感。在中国高压高竞争的背景下，我完善了我基本的数学技巧，而也正是这种技巧，能够让我进一步发展我对数学的兴趣。

三年前，我随家人移民至加拿大。从那时起，数学方面的范例除了学说教义外添加了越来越多的创意元素。在那里，我得以以自己的步伐学习数学，而且在十年级上半学期结束时，我已经通过自学完成了所有高中应该学的课程。因为我对小说很感兴趣，我在生活中广泛涉猎各类书籍，例如：《二维世界》《速算学：如何轻松成为天才》《五大黄金准则》。勾股定理、黄金比率和发现于金字塔内的一组数字 142857 让我心怀敬畏地领略到了数学的美丽。尽管我现在正在读 IB 课程中的高级数学，但我知道，我还想要知道更多。

在数学老师的鼓励下，我犹豫地参加了我人生中第一次数学竞赛——由滑铁卢大学以及数学和计算教学中心联合举办的“全国凯雷竞赛”。最初，我觉得在我纯粹感兴趣的科目上进行竞赛是错误的。但是随后我深深地被这些问题的深度所吸引了，我仿佛被施了魔法一般。在这些竞赛中，很多时候，我不得不让我的思想“置身题外”，去思考去创新。那些问题解决的途径从来都不是直接的，但无论何时，当答案揭晓时，总是会伴随着一声惊叹。于是，我又一次地全情投入到这些竞赛中，希望能得到更多我想要的知识。令人惊奇的是，我对数学的热情却转化成为了很多的奖杯。对我来说，它们是我在数学漫长旅程中上下求索的证明。

也许我没有在我的墙上写数字，没有证明哥德巴赫猜想。但是我通过日常生活中的一些小事，例如，我独立地解决挑战性的问题，上三年级时年幼无知的我向一年级的学弟学妹解释乘法的过程，表达了我对数学的热爱。

04 斯坦福大学

01 学校简介

斯坦福大学简称斯坦福，是美国一所私立大学，被公认为世界上最杰出的大学之一。它位于加利福尼亚州的斯坦福市，临近旧金山。斯坦福大学拥有的资产属于世界大学中最雄厚的其中一所大学。它占地35平方公里，是美国面积第二大的大学。

斯坦福大学始建于1885年。当时的加州铁路大王、曾担任加州州长的老利兰·斯坦福为纪念他在意大利游历时染病而死的儿子，决定捐钱在帕洛·阿尔托成立以他儿子的名字命名的大学，并把自己8 180英亩用来培训优种赛马的农场拿出来作为学校的校园。他的这一决定为以后的加州及美国带来了无尽的财富，尽管当时这里在美国人眼中还是荒凉闭塞的边远西部。直到现在，人们还称斯坦福为“农场”。因此，在斯坦福大学，自行车是学生们必备的交通工具。

斯坦福大学基金雄厚，经费充足，教学设备也极为充裕。图书馆藏书650万册。校内设有7 000多部电脑供学生使用，还设有多个电脑室及电脑中心为学生提供服务。学生可利用网络与校内的师生联系。此外，校内的体育设施也很多，有能容纳85 000人的体育馆、高尔夫球场和游泳池等。

20世纪60年代，当加利福尼亚大学伯克利分校在学术和学生运动上双双远近驰名之际，斯坦福大学却还默默无闻。今天，斯坦福大学已经被视作“西岸的哈佛大学”。

斯坦福的腾飞，是20世纪70年代之后的事，恐怕我们还得归功于斯坦福的大。8 000多英亩的面积，学校想怎么样用也用不完，于是1959年工程学院院长特曼（Frederick Terman）提出了一个构想——这便是斯坦福大学的转折点：将1 000英亩土地以极低廉、只具象征性的地租，长期租给工商业界或毕业校友供其设立公司，再由他们与学校合作，提供各种研究项目和学生实习机会。

斯坦福成为美国首家在校园内成立工业园区的大学，正是得益于拿出土地换来的巨大收获，斯坦福使自己置身于美国的前沿：工业园区内企业一家接一家地开张，不久就超出斯坦福能提供的土地范围，于是向外扩张，形成了美国加州科技尖端、精英云集的“硅谷”（Silicon Valley）。

斯坦福大学被科技集团与企业重重包围，与高科技、与商界建立了密切的联系，强调实用主义和开拓精神这些典型的“美国精神”。随着美国西海岸高科技带的兴起，各个电脑公司，包括世纪宠儿微软公司纷纷在这一带安营扎寨，斯坦福大学的地位越来越举足轻重。

斯坦福大学的毕业生为人类文明、科学技术进步、世界政治经济和现代商业发展做出了极其卓越的贡献。他们中有美国总统胡佛(Hoover)、世界科技领袖和诺贝尔奖金获得者。斯坦福大学的毕业生们创造了世界众多一流企业，包括 HP、Cisco、eBay、Electronic Art、Gap、Google、Nike、Sun、Yahoo 以及数以百计的美国知名上市公司。

如果说哈佛与耶鲁大学代表着美国传统的人文精神，那么，斯坦福大学则是 21 世纪科技精神的象征。

斯坦福大学是一所四年制私立大学，被《美国新闻与世界报道》评为全美第 5 名明星级大学，全美学术排名第一。2002 年《美国新闻与世界报道》公布了最新的全美研究生院排名，该大学的工程学院名列全美第二，教育学院全美第二，商科研究生院更是高居榜首，企业管理研究所和法律学院在美国数一数二，法学院在美国法学院排名中也一直位于前列。美国最高法院的九个大法官曾一度竟有六个是从斯坦福大学的法学院毕业的。

其博士课程排名中，生物学第一，计算机科学与卡内基·梅隆大学、麻省理工学院、加州大学伯克利分校并列第一，地质学第三，数学与普林斯顿大学、加州大学伯克利分校并列第三，物理学与哈佛大学、普林斯顿大学、加州大学伯克利分校并列第三，应用数学第四，化学第五。其他名列前茅的课程还有英语、心理学、大众传播、生物化学、经济学和戏剧。

最近一份官方统计表明，斯坦福大学应届毕业生年平均收入高居全美大学之冠。1998 年，美国总统克林顿的独生女切尔西选择了斯坦福大学，成为该校的新生。无疑，这也是斯坦福大学实力的又一证明。

斯坦福大学商学院（Stanford GSB）的特点和优势

创建于 1925 年的斯坦福大学商学院是一所志向远大的学院，从其口号 “Change Lives，Change Organizations，Change the World” 就可以见其雄心壮志。学院为学生提供个性化的教学，从 “a mindset” 和 “a skill set” 两方面提供各种各样的机会和资源，最大程度上挖掘学生的潜能，使学生在职业和个人两个方面都得到最大程度的成长。另外，学校的文化和班级特色还给学生提供跟同学建立终身校友关系的机会，为个人将来的发展带来很大帮助。

学院主要有以下 4 个方面的特色。

◇ 个性化的教学（Personalized Education）

Stanford GSB 的 MBA 教学结构可谓灵活多样，学校允许学生自己安排完成学业，提供了可以自由选择的、灵活的课程。跟其他很多学校的 MBA 项目不同，学院会帮助学生根据自己的专业背景、工作经历、兴趣爱好、职业目标来选择合适的基础课程、选修课程、研讨会、国际活动以及跨校课程，学校为每一个学生安排了专业的职业发展顾问团队，包括 Dedicated Faculty Advisor、 Leadership Coach、Career Advisor 和 Student Life Advisor，他们都会帮助学生最大可能地从 MBA 经历中获益，使自己的潜能得到最大程度的发挥。

Stanford GSB 近年来的教学中特别强调高科技的运用。很多课程的内容都涉及如何创立高科技公司，如何在某个行业或大企业实行技术转变，以及如何运用新技术来开发新产品等。为此，学校每年要从硅谷等地邀请很多高层企业管理人员来为学生授课，讲述他们的实际经验。另外，商学院还和斯坦福著名的工程学院联合授课，以满足学生更多地了解技术发展的要求。

◇ 教育创新（Innovative Learning）

Stanford GSB 的教育创新为学生提供了获得各种各样的学习体验的机会。学院的 MBA 课程不拘泥于传统的案例教学，而是通过集体合作项目、讲课和案例分析相结合来完成的，课上使用的材料 30% 取自国外。在基本商业课程教育的基础上，学校会邀请很多世界知名的学界和商界人士到课堂上来为同学们宣讲他们的最新研究成果和经历，学校还为学生们提供了很多到别的学校学习的机会和很多学校以外的资源。当然学院的学习氛围也是非常浓厚的，各种高水准的讲座（Dynamic Lectures）、生动的案例教学（Case Study）、专业的研讨会（Small-group Seminars）可以使学生的求知欲得到最大程度的满足。在学校里你有各种机会尝试新的事物，从而收获学习和得到的乐趣。

◇ 国际和社会影响力（Global and Social Impact）

Stanford GSB 可以为学生提供很多的国际经验，比如学校会资助学生进行很多的 Global Study Trips、Service Learning Trips 和 Immersion Internships，所有的这些都会为你将来更好进行国际化工作做更好的准备。另外，学校还非常注重培养学生的社会观念，给学生提供各样机会参与各种社会活动，学生能从中学到很多社会和环境等方面的知识，从而培养学生这方面的观念和意识。因此学生在毕业进入社会之后，能更加主动地关注商业行为背后的社会和环境效应。在 2007 年推出的全新课程中，学院更是要求每个学生都必须有 International Experience，这在商学院中是独树一帜的。

◇ 具有协作精神的社区（Collaborative Community）

相比于其他项目而言，Stanford GSB 的 MBA 项目规模小，每个班的学生人数是 360 人左右。在这样规模的班级中，学生可以很快地认识每一个人，很多都可以发展成为终身的朋友。另外值得一提的是，Stanford GSB 拥有突出的团结协作的学校文化，因此在班级里学生之间会进行深入的互动和交流，互相学习，互相帮助。因为每一个人都有自己独特的专长和特点，所以你身边的每一个人都会是你不可多得的资源。

学校还有 60 多个学生社团供你参加，可以从各个方面帮助你提高你的技能，其中有很多专门领域的社团，比如 Finance Club，社团的成员们有机会和专业老师、职业发展机构建立紧密的联系。这些社团既能为你提供专业的知识，又能为你提供进行社会实践的机会。

另外值得一提的就是强大的 Alumni 网络，至今 Stanford GSB 在全球的 Alumni 总人数已经超过 25 000 人。尽管他们分散在世界的各个地方，但是他们都会尽自己的所能为 Stanford

GSB 的学生提供各种帮助。Alumni 与学校以及 Alumni 之间也都保持了很密切的联系，即使你已经离开校园，你还是可以得到很多职业发展方面的资源，从而获得更大的成功。

最负盛名的 MBA 专业

斯坦福大学商学院和哈佛大学商学院被认为是美国最好的商学院。这两所学院多次在美国权威杂志的商学院排名中并列第一。哈佛商学院代表比较传统的经营管理培训，培养的是“西装革履式”的大企业管理人才；而斯坦福商学院则更强调开创新科技新企业的“小企业精神”，培养的是“穿 T 恤衫”的新一代小企业家。

只从学生人数上来说，斯坦福商学院的规模要比哈佛商学院小得多。斯坦福总共有 720 名 MBA 学生，只有一种叫 Sloan 的企业管理人才培训计划，为期 10 个月，每年只招收 50 人左右。

但是要从学生素质上来说，在全美的 730 多个商学院中，没有一所商学院的入学竞争有斯坦福商学院这样激烈。最近几年来，每年有五到六千人申请进入斯坦福商学院，但是只有 360 个幸运者如愿以偿。从这个角度来说，斯坦福商学院是美国“身价”最高的商学院。之所以如此的最主要的原因是学校要保证教学质量，保证学生的高素质和高标准。

斯坦福商学院要求学生有一定的理论深度，因为它相信，商学院的毕业生应该从商学院的教育中至少受益 20 年。也就是说，他们不仅应该了解他们在毕业后会面临什么样的商业世界，也应该有足够的才智来应付 20 年以后有了变化的商业世界。

在斯坦福，教完第一年的基础课之后，一般要求学生在第二年选一个专业方向，这些专业方向包括制造业管理、小企业创建和管理、国际工商管理、保健事业管理以及公共事业管理等。这样做的目的，是为了使学生对将来可能从事的行业有系统而深入的了解，掌握实际和理论的知识。

斯坦福商学院在强调实际管理经验的同时，也强调对经济、金融、市场运转等理论的长期性研究，研究成果也比其他一流商学院更多一些。过去几十年来，这所商学院好几位教授的研究成果都获得了诺贝尔经济学奖。

同时，斯坦福商学院在近年来的教学中特别强调高科技的运用。很多课程的内容都涉及如何创立高科技公司，如何在某个行业或大企业实行技术转变，以及如何运用新技术来开发新产品等。为此，学校每年要从硅谷等地邀请很多高层企业管理人员来为学生授课，讲述他们的实际经验。而很多 MBA 学生在念书的时候，就参加硅谷小公司的商业计划、发展和管理过程，在没有毕业时就和这些公司建立了密切的联系。

非常高的淘汰率也是斯坦福大学 MBA 闻名世界的原因之一。目前每年约有 5 000 名申请者，最多的一年达到 8 000 人，而录取率只有 7%。教师是 MBA 教育中的一个关键因素。斯坦福商学院师资力量雄厚，教师和学生的比率为 1：6，包括自 1990 年起的 3 位诺贝尔奖得主。MBA 并不是通常所理解的硕士学位那么简单，它是一个系统而广泛的专业。因此保证学生的多样性是一个非常重要的方面。斯坦福大学 MBA 专业的学生来自各个领域，这样可以增加学生之间的互补，在一定程度上促进了学生的学习。

斯坦福大学为确保办学质量，还有一个很重要的手段，就是加强媒体监督。美国一些主流媒体每年都会公布 MBA 专业的排名，这对申请者和用人单位都有着非常重要的影响。这些媒体通常会在学生中散发调查问卷，收集之后再进行系统分析。排名的一个重要指标就是学生的意见。

在 2008 年 5 月份，斯坦福大学在 MBA 教育方面取得了突飞猛进的发展，在 MBA 教育中目前排名第二。

斯坦福大学医学院

美国斯坦福大学是世界著名的高等学府，其医学院在医疗、科研及教学等领域处于世界领先地位。它同时也处于美国生物技术和信息技术中心的腹地，对临床及实验室的研究成果应用于医疗起了促进作用。

斯坦福大学医学院在心脏内外科、肿瘤、放射诊断及神经科学等许多学科上都取得了医学成果。斯坦福大学医学院的心脏移植技术处于领先地位，已成为世界上终末期心衰可行的治疗手段。治疗冠状动脉疾病的经皮穿刺技术的新进展，处于心脏介入技术的前沿。今天，世界已公认了斯坦福大学医学院在心脏内外科上的领导地位。

斯坦福大学医学院在肿瘤方面的成就包括何杰金氏病的化疗及放疗技术的发展，显著提高了患者的治疗效果。病人在斯坦福大学医学院可以得到最先进的抗癌治疗，包括最新的放疗方案、化疗药物、用单克隆抗体和手术治疗各种淋巴瘤的技术等。肿瘤特殊治疗中骨髓移植的技术，已得到全美承认。

斯坦福大学医学院对神经疾病的内外科治疗也处于领先地位，其放射诊断技术、核磁共振成像技术也是世界上最先进的。因为拥有这些医学创新，所以患者在斯坦福大学医学院可以受益于最先进的诊疗技术。

斯坦福大学医学院的许多医生在他们的领域中荣获大奖，包括诺贝尔奖，在服务周到的护理人员的协助下，他们应用自己的学识及经验给予患者极为出色的治疗。

学校网址：http://www.stanford.edu/

02 申请文书

Stanford Supplements

文书题目（英文）： Virtually all of Stanford's undergraduates live on campus. Write a note to your future roommate that reveals something about you or that will help your roommate—and us—know you better (1,800 characters).

Dear roommate:

Allow me to introduce myself. My name is Liqing, but everyone just calls me Lydia. I spent a lot of time in the past 18 years travelling around the world, and I loved the experience. My parents now live in Toronto with my brother, with whom I fight when I'm home but miss them so much when I'm not. Although I've always lived with my family, I am quite independent.

Coming to North America has been a major jump for me. The education system is so different from that in China. I used to only care about the marks, but since I moved to Canada, I've tried almost every extracurricular activity, and now I'm only hungry for more. I think going to college is also a fresh start, and I truly hope that we can become close friends. I think I'm pretty considerate and, trust me, I'm not a dull person.

In high school, my favorite subjects are math and economics, but Shakespearean sonnets really touch my heart as well. During the economic crisis, my best friend was forced to go back to Korea. I realized how tremendously an economic event could impact people's lives, and I have wanted to become an economist ever since. The one thing I'm especially excited about getting into Stanford is that I will also be able to take courses that I've always wanted to try but never had the opportunity. Would you like to take astronomy with me, just for fun?

In the end, here are some random facts about me: I love to read mystery and historical fiction; they are always good exercise for the brain. I was head of the culinary club and I can make you AUTHENTIC Chinese food. I collect shoes—high heels and Nike Air in particular. So if I take up too much space, can I share my sweaters with you in exchange?

Well, that's enough about me. What about you?

Lydia Ding

文书题目 (英文)： Tell us what makes Stanford a good place for you (1,800 characters).

Economics has been my pursuit ever since I realized, through my entrepreneurial parents, the opportunities it can lead to for me and for others. Although I greatly appreciate Stanford's disciplinary breadth, which provides a platform for all knowledge in life, I'm more intrigued by the sophistication of courses such as The Economy of Cities. I've read numerous articles from the *American Economic Review*, and I'm excited to work with Professors Robert Hall, Lawrence Goulder, and so on. I believe that my participation and achievements in math contests, debating, and student government have equipped me with the necessary tools and presentation skills to embark on a challenging and rewarding journey at Stanford.

Stanford describes itself as having “intellectual vitality”. I see myself as having this as well. While studying in the competitive environment in Beijing has helped me perfect the fundamentals, I am used to answering my own curiosity through independent study. I genuinely enjoyed writing a research paper on the motives of the Chinese government’s implementation of a price ceiling on the electricity market, and I hope to deepen my understanding with further research opportunities overseas and support by renowned faculty members.

There are many things I would want to explore at Stanford. Since coming to Canada, I have tried, and fortunately succeeded in, extracurricular activities that I’d never even heard of in China such as rowing and Model United Nations. I adapt easily to new environments, and I hope to make the most out of my undergraduate degree. I already have my eyes set on Alliance Streetdance, Stanford Women in Business, Project Love, and archery team!

03 文书翻译

斯坦福大学申请材料

文书题目（中文）：众所周知，基本上斯坦福大学所有的本科生都住在校园里，给你未来的室友写一封信，介绍你自己，以便让你未来的室友和我们更好地了解你（请用 1 800 个字符来回答此问题）。

亲爱的室友：

请允许我来介绍我自己，我的中文名字叫丽晴，但是大家都叫我的英文名字 Lydia。在过去的 18 年里，我花很多时间去过全世界的很多地方旅游，尽管旅行劳苦，但我很享受旅行所带给我的东西，它丰富了我的人生体验。我的父母和我的小弟弟现在居住在多伦多，说起来真是很奇怪，因为当我在家的时候，我总是会和他们吵架，但当我只身在外时，我又真的很想念他们。尽管我大多数时间都和我的家人住在一起，但是我认为我在生活方面很独立。

来到北美上学对我来说无疑是个巨大的飞跃，因为这里的教育体系和我所在的中国的教育体系截然不同。在中国学习时，我只在乎我的考试分数，但是自从三年前，我随家人移民到加拿大以来，我几乎参与了我所接触到的每一种课外活动，但是，我还是觉得不够，好奇心的大门已经打开，我渴望学到更多东西。我觉得进入大学学习生活对我们来说将是一个全新的开始，我希望在接下来的学习生活中，我们可以互相帮助，成为很好的朋友。我自认为我是一个很体贴的人，而且相信我，我不是一个无趣的书呆子。

在读高中时，我最喜欢的科目是数学和经济学，但莎士比亚浪漫的十四行诗也深深地触动了我的心灵。在2008年金融危机爆发时，我来自韩国的好友不得不回到韩国。由此，我也意识到经济事件对人们的日常生活的深刻影响，从那时起，有一个崇高的理想在我心中发芽了，那就是成为一名经济学家。来到斯坦福大学学习，还有一个让我很兴奋的原因就是，我能够有机会去参与一些我一直渴望学习但却一直苦于没有机会参与的课程。比如天文学，你愿意和我一起去听天文学的课程吗？没有任何的其他原因，只是因为喜欢。

最后，我再向你介绍一些我奇怪的小嗜好和小特长：我喜欢看一些疑案和历史类的小说，在阅读过程中，我的大脑能够得到充分的锻炼；在上高中时，我可是烹饪小组的组长，因此，我可以在闲暇之余，给你做正宗地道的中国菜；我喜欢收集鞋子，尤其是高跟鞋和耐克的含气垫慢跑鞋。如果我的这些鞋子，占用了衣橱太多空间的话，你不要不高兴，我有方法来补偿你——你可以穿我的小毛衫！

关于我的情况就先介绍到这吧，你有什么想对我说的吗？

Lydia Ding

文书题目(中文)： 请陈述您认为您适合在斯坦福大学学习生活的理由(请用1 800个字符回答此问题)。

自从通过身为企业家的父母认识到经济学为我和他人带来的机会以来，学习经济学就成了我的追求。我很欣赏斯坦福大学要求严格的广识教育，这为学生掌握广泛知识提供了很好的平台。但我不得不承认城市经济等课程的精深，引起了我更大的兴趣。我在《美国经济评论》上读了很多文章，我非常期待有朝一日能师从罗伯特·霍尔教授、劳伦斯·歌德教授等殿堂级人物。我相信我曾经参加数学竞赛、辩论会和学生会的经历以及所取得的成就让我具备了必需的能力和课堂展示技巧从而开始我在斯坦福大学极具挑战性，同时也必将有丰富收获的美好旅程。

斯坦福大学以其思想极具活力而著称，而我认为我自己也是一个这样的人。在北京极具竞争力的学习环境下，我完善了我的基础知识，而同时，我也习惯通过自主学习来满足我的好奇心。我目前正在独立写一篇分析中国政府实行限制电力市场整体价格动机的论文，我也真的很享受其间调研、整理的过程。我希望通过在海外的进一步调研和斯坦福大学的知名教授的指导来加深我对事物的理解。

若我能够有幸来到斯坦福大学学习，我希望我能够尽可能多地尝试各种新鲜事物。自从我到了加拿大，我参加了很多课外活动并幸运地在一些活动中获胜，其中有一些，是我在中国闻所未闻的，像划船小组、联合国模型组。我对新环境的适应能力极强，我希望我能够尽可能多地参加各种各样的课外活动，来丰富我的大学生活。事实上，我已经决定，等我进入斯坦福大学学习后，我要参加街舞团、斯坦福女性商业实践组、爱心工程和箭术小组。

05 哈佛大学

01 学校简介

哈佛大学（Harvard University）——全球最多亿万富翁就读的大学

"她"与世界上第一条地下铁路、第一条电话线出现在同一个城市！

美国独立战争以来几乎所有的革命先驱都出自于"她"的门下，"她"被誉为美国政府的思想库，先后诞生了8位美国总统，40位诺贝尔奖得主和30位普利策奖得主。"她"的一举一动决定着美国的社会发展和经济走向。商学院案例教学盛名远播，培养了微软、IBM、FaceBook一个个商业奇迹的缔造者。"她"的燕京学社致力于中美文化的交流，沟通中美两国关系的基辛格博士，奠定了中国近代人文和自然科学基础的林语堂、竺可桢、梁实秋、梁思成，一个个响亮的名字，都和这所世界最著名的高等学府息息相关。

哈佛大学（Harvard University，其正式注册名称为The President and Fellows of Harvard College），是一所位于美国马萨诸塞州剑桥市的私立大学，常春藤盟校成员之一。1636年由马萨诸塞州殖民地立法机关立案成立，是美国历史上最悠久的高等学府，也是北美第一家和最古老的法人机构（Corporation）。

哈佛大学位于剑桥市，该校与临近的麻省理工学院在世界上享有一流大学的声誉、财富和影响力，其英语系的排名尤其突出。另外，哈佛也是全世界培养最多有"全球本科生诺贝尔奖"之称的罗德奖学金得主的大学。

从40岁开始担任哈佛大学校长（1869年—1909年）的Charles William Eliot从根本上使哈佛蜕变为现代美国的研究型大学。Eliot的改革措施包括选修课程、小班授课以及入学考试，此"哈佛模式"影响了美国国家的高等和中等教育政策。此外，Eliot还负责出版了现在著名的"哈佛经典"，从多个学科收集"伟大的书"。在1926年逝世后，他的名字已和"哈佛"共同成为美国高等教育普遍愿景的同义词。

哈佛大学的图书馆藏书超过1 500万册，是美国最大的学术图书馆，规模约为全球第五（仅次于美国国会图书馆、大英图书馆、法国国家图书馆、纽约公共图书馆）。目前的哈佛大学在诸多主要的国际学院和大学排名中始终排名世界第一。但在2010年QS大学排名中，被英国剑桥大学超越，屈居第二。此外，它拥有非营利组织以外最大的财政捐赠，到2008年已达378亿美元。

哈佛大学前身为剑桥学院。1636年10月28日，马萨诸塞海湾殖民地议会通过决议，决定筹建一所像英国剑桥大学那样的高等学府，每年拨款400英镑（对应于当时经济情况）。

由于创始人中不少人出身于英国剑桥大学，他们就把哈佛大学所在的新镇命名为剑桥。

哈佛大学 1638 年正式开学，第一届共 9 名学生。1638 年 9 月 14 日，牧师兼伊曼纽尔学院院长的约翰·哈佛病逝，他把一半积蓄 720 英镑和 400 余册图书捐赠给这所学校。1639 年 3 月 13 日，马萨诸塞海湾殖民地议会通过决议，把这所学校命名为哈佛学院。

在建校的最初一个半世纪中，学校体制主要仿照欧洲大学。1721 年正式设立神学教授职位，1727 年设立数学和自然科学教授职位，1780 年设立医学教授职位。同年扩建成哈佛大学；1816 年 成立神学院，1817 年成立法学院，教育学院成立于 1920 年，1936 年又成立了政治学院 (1966 年命名为 J.F. 肯尼迪政治学院)。

1966 年以来，哈佛大学共设 10 个研究生院，即文理、商业管理、设计、牙科医学、神学、教育、法学、医学、公共卫生和肯尼迪政治学院；2 个招收大学本科生的学院，即哈佛学院和拉德克利夫学院；并设继续教育办公室，专门负责暑期学校、附设课程和终身学习中心。牙科医学、医学、公共卫生这 3 个研究生院设立在波士顿，其余各学院均集中于剑桥。各学院具有相对的独立性，哈佛历任校长坚持 3A 原则，即学术自由、学术自治和学术中立（这三个原则的英文单词第一个字母均是 A ）。

历史上，哈佛大学的毕业生中共有 8 位曾当选为美国总统。他们是约翰·亚当斯（美国第二任总统）、约翰·昆西·亚当斯、拉瑟福德·海斯、西奥多·罗斯福、富兰克林·罗斯福（连任四届）、约翰·肯尼迪、乔治·沃克·布什和巴拉克·侯赛因·奥巴马。哈佛大学的教授团中总共产生了 34 名诺贝尔奖得主。

学校早年开设的课程以英国大学的模式为基础，但是在思想上与这个殖民拓荒地盛行的清教徒的哲学保持一致。尽管它早年的许多毕业生成为了整个新英格兰地区的清教徒聚居地的牧师，学校却从未正式加入过某一个特定的教派。一份出版于 1643 年的早期的小册子阐明了哈佛大学的存在："促进知识并使之永存后代。"

如今，哈佛大学已发展成为拥有 10 个研究生院、40 多个系科、100 多个专业的大型院校。正式注册有 18 000 名学位候选人，以研究生为主，也包括本科生。另外还有 13 000 名非学位学生在其扩展学院学习一门或更多的课程。在哈佛大学工作的教职员工超过 14 000 人，包括超过 2 000 名的教授和讲师，还有 7 000 多名教员在所属的各个教学医院工作。多年来，哈佛大学除了培养大量的美国学生外，还接纳了来自世界各国的大批留学生和访问学者。

哈佛大学主要有以下 20 多个学院和研究所：哈佛学院、医学院、法学院、文理学院、公共卫生学院、政治学和政府研究院、教育学院、设计学院、商学院等。哈佛学科设置数量庞大，涉及的专业和研究面广，很多学校都是模仿哈佛大学和普林斯顿大学来设置课程。基本上哈佛所有专业都可以授予硕博士学位。

哈佛一直有招收中国学生的传统，相比起别的常春藤学校来说，来自中国的攻读硕博学位的留学生比例算比较高的了。他们一般就读的专业为文化研究、东亚政治研究、历史政治学、社会学、地球物理、生物化学、分子生物、政策分析和政府研究、考古人类学、统计学、教育学、免疫学、药物学、人力资源等。

据调查数据显示，在哈佛就读的中国大陆本科生的人数很少，甚至少于从中国台湾来的同学。这些就读本科的同学最后选读的专业多为文科类，如经济学、社会学和政府管理类专业等。值得注意的是，过去三年中约有超过40%的哈佛录取的本科生SAT成绩不到1 800分。这也凸显了常春藤名校招生的一个根本特点：多元化学生背景营造多元化学生班级。

哈佛商学院

美国教育界有这么一个说法：哈佛大学可算是全美所有大学中的一项王冠，而王冠上那夺人眼目的宝珠，就是哈佛商学院。

建校79年的哈佛商学院（Harvard Business School，简称HBS）是培养企业人才的美国最著名的学府，被美国人称为是商人、主管、总经理的西点军校，美国许多大企业家和政治家都在这里学习过。在美国500家最大公司里担任最高职位的经理中，有1/5毕业于这所学院。哈佛工商管理硕士学位（Master of Business Administration，简称MBA）成了权力与金钱的象征，成了许多美国青年梦寐以求的学位。

哈佛商学院是一个制造“职业老板”的“工厂”，哈佛的MBA人人都疯狂地关心企业的成长和利润，他们有着极强的追求成功的冲动和自命不凡的意识，他们是商业活动中的职业杀手。MBA平均年薪可达10万美金以上，以致美国人指责MBA的第一条缺点就是他们的身价太高。

哈佛商学院每年要招收750名两年制的硕士研究生、30名四年制的博士研究生和2 000名各类在职的经理进行学习培训；暑期还要招收学制六周的“专业管理（如医疗卫生管理、大学及学院管理等）进修班”。全年可以开设政策、决策、计划、控制、财务、市场、生产运行、科技开发、组织结构、行为科学、数学方法、计算机技术等100多门课程。

哈佛商学院是如今美国最大、最富、最有名望，也是最有权威的管理学校。哈佛商学院的基金达2.5亿美元之巨，比美国所有其他管理学校的总和还多。

学校网址：http://www.harvard.edu/

02 申请文书

Life is full of choices, and to choose one thing is to forgo another. The dilemma of foreignness comes down to one of liberty versus fraternity—the pleasures of freedom versus the pleasures of belonging. The homebody chooses the pleasures of belonging. The foreigner chooses the pleasures of freedom, and the pains that go with them.

—— The Economist, Dec. 17th, 2009

The sunset in the distance elongated my shadow on the African soil. The cubicle dwellings of the township were enveloped in different shades of peach. There was barely any green on the ground, as it was winter in South Africa, but on the near hills, the red flowers of the krantz aloe (in Xhosa, ikalene) were just visible in the highlights of the sun.

I watched an African woman walk past me on the other side of the road, carrying a package that was disproportionate to the head underneath it. Curiously, she glanced at me, but then as if she had discovered another species, she perused my figure with the greatest attention. Who would have expected that meeting an Asian on the street was so interesting? Remembering what the students at the Queenstown Get Ahead Project School (QGAP) had asked me on the first day— "You're the first, REAL Chinese I've ever met—so do you know kung fu?" —I couldn't help but laugh at the mutual feelings of novelty.

My family roams around the world: I have traveled to more than 12 countries and have studied at more than 15 schools. I have always been a meticulous observer of different cultures, but I do not always enjoy being the "foreigner".

So far, my summer "vacation" consisted of waking up at 6:30 am, shivering in my fleece jacket, and preparing calculus questions to teach. I had asked for an opportunity to join three teachers from Toronto on a faculty initiative to the impoverished area of South Africa, the Eastern Cape, to help students of my own age prepare for their national Matric Exam.

I came to an intersection of roads, which equally seemed to lead to nowhere. I was bathed not only in the warmth of the setting sun, but also in the sights of every pedestrian passing by. The sky had turned into a geography of bright orange, flickering with its last sources of energy. There were at least five possible directions, all identical with their yellowed walls and bright red roofs. Another challenge in life. Afraid of taking the wrong turn, I hesitated, my legs glued to the ground.

My mind flashed back to a much warmer morning, about two days earlier, when I had asked a student at QGAP School about her unfinished homework. As the teachers' assistant and as the students' peer, I enjoyed these individual communications: "Hey, you're off to a great start on your math portfolio, but how come you never finished?"

"I'm so sorry, Ma'am. I had to take care of my twin babies and there was simply not..."

"I'm the same age as you are! You don't need to call me...EXCUSE me? Babies?!"I gasped."Are you okay? I mean, does anyone else know?"

"Yes, it's not exactly uncommon here," she pointed to another girl. "She also has a baby, and someone else is on leave because she's pregnant."

I remembered when my family finally "settled" in Canada when I was 15. Until then my life had been episodes of studying in either Vancouver or Beijing. I couldn't help but moan about the one-meter-high snow of the Toronto winter, my loss of friendships and favorite food, and the challenges of acclimatizing not only to a new school but also to a seemingly new culture. The moment in South Africa made me realize that these were no challenges at all compared to raising a baby while going to school.

Standing at the intersection, I realized that there would always be alternative paths and possibilities. Despite the natural unease of being in a foreign place, I randomly decided to take the road that pointed towards the distant mountain. As I walked past the squat buildings and tall fences (some even with electrical wires), I came across the church. It looked like a miniature compared to St. Paul's Cathedral in London or St. Mary's in Sydney, but something—the worn, wooden door, the aged carvings, or perhaps its distinct, pointed roof among all the flat rooftops surrounding it—gave it a sense of magnificence and solemnity. Gilded by the sun, the church was enfolded in a warming ambiance. The view softened my heart.

"How can you tell where you're going? The buildings all look the same to me," I had asked a recently-made friend at QGAP School.

"Well, it's simple. The church is always at the center of any town in South Africa, and you can see the pointed roof anywhere. We like to say that God is leading our way."

The people I met in South Africa were extremely religious, breaking out into gospel songs during bus rides, praying from the bottoms of their hearts. They taught me much about faith. On the other hand, 99% of the Chinese population is atheist—in fact, Karl Marx believed that, to achieve true Communism, all religions must be eliminated. So when I moved to Toronto, my religious vacuum was suddenly filled with a million different religions. I was introduced by my Jewish friends to the most intricate candelabra, the Menorah; I argued with a deeply Christian friend about homosexual marriages; I also learned that every person in Jainism had the same last name, Jain. The leap from no religion to every possible religion forced me to come out of my accepted culture and become a more cosmopolitan, aware citizen. Coming to South Africa again challenged my perception and emotional receptiveness.

As the sun slowly sank into the horizon, I stood in the street, thinking about my friend with her babies, my past travels, and my walk through Queenstown. I knew nothing about this place, but that very reason gave me the liberty to explore and discover. A randomly selected street led me to the majestic religious center of the Xhosa people. In this town and in life, I had never been confined by one familiar route. To have always been the foreigner enlarged my understanding of the world of opportunities.

I had to travel another 13,762 km and wander the streets of a foreign town by myself to truly understand the "pleasures of freedom," a phrase from an article in *The Economist* that struck me a year before my trip. I have come to appreciate the value of foreignness.

03 文书翻译

一生中，每时每刻都要求你做出各种各样的选择，选择的同时也就意味着放弃。独在异乡为异客的自由也意味着不得不离开自己熟悉的故乡、亲人、朋友；自由的快乐也就意味着不得不抛弃温暖的归属感。恋家的人选择温暖的归属感，却抛弃了外面广阔的世界。而显而易见，身处异乡的人，选择了自由，他得到了他所向往的自由，而孤独的痛苦却永世相随。

——出自《经济学家》2009.12.17 版

在非洲广袤的大地上，远处夕阳的余晖将我的影子无限制地拉长。小镇的矮小住宅被笼罩在不同色调的阴影中。你几乎看不到一丝绿色，这种场景，恰似冬天的南非。然而，在近处的山上，芦荟开出的大朵艳丽的红花在金色阳光的照耀下妩媚动人。

一个非洲女人，扛着很大的包裹，慢慢地走过我的身边，那巨大的包裹与包裹底下的脑袋形成了鲜明的对比。当她走过我的身边时，她好奇地瞄了我一眼，紧接着，她像发现了另一个物种一样，上上下下地仔细打量我一番。想必对他们来说，在大街上遇见一个亚洲人是一件很有趣的事情，这真的是很匪夷所思。我至今还对新西兰皇后镇大学预科学校一个当地学生对我说的话记忆犹新，他说"你是第一个我在现实生活中见到的活生生的亚洲人，你会中国功夫吗？"我当时对那种因双方不了解对方而引发的新奇感忍俊不禁。

我的家人喜欢去不同的地方旅游，生活；我曾经去过 12 个不同的国家，在超过 15 所不同的学校学习过。尽管我不是一直很喜欢那种身处异国他乡的感觉，但这也给我很好的机会让我通过仔细观察了解多种不同文化。

我在暑假之前，曾申请加入学院组织的、到南非贫困地区帮助与我同龄的同学们准备全国大学入学考试的项目，而我也非常幸运的入选，得以与其他三名来自多伦多的老师赴南非东开普省的贫困地区支教。因此到目前为止，我的暑假生活，就是每天早上 6:30 睡眼惺忪地爬起来，披上我单薄的羊毛衫，在寒冷的天气里瑟瑟发抖，然后准备今天要教的微积分问题。

而如今的我，来到了我人生的岔路口上，有很多条路供我选择，但我却又看不到每条路将会引领我至怎样的人生风景。在这分岔口上，我不仅沐浴在温暖的余晖中，也淹没在过往行人的目光里。太阳用尽其最后的微弱亮光，将天空渲染成明亮的橘黄色。而摆在我面前的路至少有五个不同的方向，它们最终指向的风景都是如此的相似，那里都有旧旧的黄色的墙、明红色的屋顶，那就是我梦想中的大学。于此，我就又面临着一个生活中的巨大挑战，此时此刻，我真的很害怕我做出了错误的选择，我犹豫不决，举足，又放下，不知何去何从。

我的思绪不知不觉地又回到了一个更加温暖的清晨，那是两天前的早晨，我问一个大学预科学校的学生为什么她没有完成她的作业。作为一名教师助理和同龄人的我，很喜欢这种个人对个人的交流，我说道："你数学论文的头开得很好，但你为什么总是完成不了呢？"

她答道：“女士，很抱歉，我不得不照顾我的双胞胎女儿，我没有……”

“我和你同岁，你不用叫我……什么？孩子！”我倒吸了一口气。“你还好吗？别人知道这件事吗？”我又问道。

“我还好，在这里，在我这个年龄怀孕是很平常的，”她又指了指另外一个女孩说道：“她也有一个孩子，她的男朋友为此休学了，因为她又怀孕了。”

记得在我15岁那年，我的家人最终决定定居加拿大，在那之前我生活的全部就是在温哥华和北京两地学习。初到加拿大时，我真的是很不适应，我讨厌冬天的多伦多深达一米的大雪，想念我在北京的挚友和故乡的美食，为不知怎样尽快适应新学校和全新的文化而苦恼不堪。在南非听到这件事的瞬间，我意识到，和这位边上学边照顾孩子的同学相比，我那些所谓的挑战，真的是小菜一碟了。

站在人生的岔路上，我意识到当一条路走不通时，不要绝望，因为在这片大地上，总是存在着无数的可能，总是有另外的路可供选择。尽管身处异国他乡，对周围的环境极不熟悉，但我还是大胆地走上了一条通往远处山脉的小径，沿途我经过了低矮的房屋，跳过了高高的栅栏（其中一些都缠着电线），我站在了一座教堂的前面，我曾经有幸参观过伦敦的圣·保罗大教堂和悉尼的圣·玛丽大教堂，而眼前这个教堂的规模和它们相比简直不可同日而语，但是它的陈旧感、它的木门、教堂内古老的雕塑和墙壁上的浮雕，又或许是其与周围的平顶建筑不同的尖尖的屋顶，让它看起来也有那么一点雄伟神圣的意味。在阳光的照耀下，小教堂的轮廓逐渐模糊了，笼罩在温暖的氛围中，这美丽的场景让我心动。

“你怎么知道你要去哪呢？在我看来，这些建筑物简直没有任何区别。”我问一个在大学预科学校刚交的新朋友。

“啊，那很简单嘛！在南非的任何一个城镇中，教堂永远都是位于其中心位置的，而且，在城镇中的任何地方，你都能看到它尖尖的屋顶，因此我们认为是上帝在指引我们的方向。”

我所遇见的南非的人，都是虔诚的基督教徒，他们经常在乘坐公共汽车时，在无人指引的情况下，便毫无预兆地大唱福音歌。他们发自内心地向上帝祈祷。我从他们身上学到了很多关于信仰的东西。而99%的中国人都是无神论者，他们不相信这世间有任何神的存在，这与外界是完全相反的。因为中国的目标是要建立共产主义社会，而卡尔·马克思曾说过：“要想实现真正的共产主义，人们必须摒弃一切的宗教信仰。”而当我来到多伦多市时，我这张毫无宗教信仰的白纸，突然之间经受着上百万种宗教的涂画。我那信仰犹太教的朋友，向我介绍了犹太教宗教仪式中所用到的复杂的枝状大烛台——多连灯烛台；我和我一个虔诚信仰基督教的朋友争论是否应该赞同同性恋之间结婚的问题；我也知道了每一个信仰印度耆那教的人都采用相同的姓氏——杰恩。从无宗教信仰的单一环境到向各种宗教信仰开放的跨越，促使我不得不走出我的现有文化信仰，成为一个了解多种文化的“世界人”。这次的南非之行无疑再一次地挑战了我的洞察力和情感接受能力。

太阳慢慢地落山了，我站在大街上，想着我那个必须边上学边照顾孩子的朋友、我过往的旅行经历以及在新西兰皇后镇的漫步。这个城市对于我来说是如此的陌生，而也正是这一点，让我能够自由地去探索和发现该地的自然景观、风土人情。想一想吧！一条在异国他乡无意间走上的小路，就让我走进了科萨人那丰富绚丽的宗教中心。而正因如此，无论是在这个城市里还是在生活中，我从不会把自己限制在一条熟悉的道路上，正是我自幼的那份“独在异乡为异客”的漂泊，增进了我对这个世界上“一切皆有可能”的理解。

我来到了离家 13 762 千米的南非，独自在东开普省的小镇上毫无目的地漫游，最终得以真正理解了“自由的快乐”。开头引用的《经济学家》里提到的这个短语，一年以来一直让我不得其解，而经过此次南非之行，终于让我理解了“在异乡做异客”的价值。

06 美国高端申请文书真题（中英文）及解析

01 哈佛大学

文书题目 (英文)： You may wish to include an additional essay if you feel that the college application forms do not provide sufficient opportunity to convey important information about yourself or your accomplishments. You may write on a topic of your choice, or you may choose from one of the following topics:

—Unusual circumstances in your life

—Travel or living experiences in other countries

—What you would want your future college roommate to know about you

—An intellectual experience (course, project, book, discussion, paper, poetry, or research topic in engineering, mathematics, science or other modes of inquiry) that has meant the most to you

—How you hope to use your college education

—A list of books you have read during the past twelve months

文书题目 (中文)： 如果你认为大学申请表没有提供足够的空间来展示你的优秀，你可以自己定一个话题，或者从以下的话题中选一个来做补充。

第一个话题：描写你生活中一个不同寻常的场景。

第二个话题：介绍你在其他国家旅行或居住的经历。

第三个话题：你希望未来的大学同学舍友对你自己有哪些了解？

第四个话题：介绍一次对你最重要的学术经历（课程、项目、书籍、讨论、论文、诗歌或者在以下领域的研究课题：工程、数学、科学或其他领域）。

第五个话题：你希望怎样利用大学教育的机会？

第六个话题：列举你在最近12个月内阅读过的书籍名单。

作为世界顶尖的"牛校"，哈佛的文书没有选择刁钻路线，而是比较低调和学术范，注重申请人非同寻常的学术经历和学术造诣。这种要求表面平实淡定，内里却要求货真价实的东西，要有内涵。哈佛的本科教师全部是教授，而不是助教或讲师；哈佛不允许教授只做研究不参与教学，这些就保证了本科阶段的学生就沐浴在浓重的学术氛围中。

02 宾夕法尼亚大学

文书题目（英文）： The Admissions Committee would like to learn why you are a good fit for your undergraduate school choice (College of Arts and Sciences, School of Nursing, The Wharton School, or Penn Engineering). Please tell us about specific academic, service, and/ or research opportunities at the University of Pennsylvania that resonate with your background, interest, and goals.(400—650 words)

文书题目（中文）： 招生委员会希望了解为什么你适合自己选择的学院（文理学院、护理学院、沃顿商学院或者宾大工程学院）？请告诉我们，宾夕法尼亚大学哪些特殊的学术专业、服务或者研究机会与你的背景、兴趣和目标产生共鸣？（400—650词）

03 康奈尔大学

文书题目（英文）： Describe two or three of your current intellectual interests and why they are exciting to you. Why will Cornell's College of Arts and Sciences be the right environment in which to pursue your interests?(Please limit your response to 650 words.)

文书题目（中文）：描述两个或三个你近期最感兴趣的知识领域，为什么这些领域如此激动人心？为什么康奈尔的文学院或理学院是最适合你追逐理想的环境？（词数限制：650词）

这两所大学的文书题目都很简单，一道题，不超过650词。这种简约中自信满满。文书的要求不像是在考核学生，而是寻找理念的知音。他们不会用刁钻的题目来考核学生，但是却要求学生说出自己的背景和大学的匹配度。因此，文书的主要内容其实是对学校的学术、文化、价值观的理解和分析。只有真正能和大学的文化产生共鸣的学生，才有资格成为学府中的一份子。

因此，写这样的文书，不要迫不及待地展示自己，先认真研究学校和你所申请的学院，看懂他们的专业、文化和价值观，再寻找自己的背景中可能与其产生共鸣的部分，如果没有，那么放弃这所学校。

04 耶鲁大学

文书题目（英文）： Please answer the following questions in 100 words or less.

What in particular about Yale has influenced your decision to apply?

文书题目（中文）： 请用100词或不到100词来回答以下问题：

耶鲁的什么特殊之处影响了你的申请决定？

文书题目（英文）： Please respond in 250 characters (roughly 40 words) or fewer to each of the questions below:

—What excites you intellectually, really?

—Think about a disappointment you have experienced. What was your response?

—Suite-style living—four to six students sharing a set of rooms—may be an integral part of your Yale College experience. What would you contribute to the dynamic of your suite?

—What do you wish you were better at being or doing?

—Please list here any tests you have taken to date, other than those already listed in the Testing section of the Common Application, such as AMC 12, AMC 10, AIME, Fermat, A-Levels, etc. Include the name of the test, the date taken, and the score received for each one.

—If any of your education prior to secondary schools has taken place outside of the country where you currently reside, please list the dates of attendance, institution, country and language of instruction.

—In this essay, please reflect on something you would like us to know about you that we might not learn from the rest of your application, or on something about which you would like to say more. You may write about anything—from personal experiences or interests to intellectual pursuits. (Please answer in 500 words or less). Before you begin, we encourage you to go to http://admissions.yale.edu./essay, where you will find helpful advice.

文书题目（中文）： 用250个字符（大约40个词）或更少的词回答以下问题：

第一个问题：什么真正激发了你的聪明才智?

第二个问题：描述你的一次失望的经历，你的反应是什么?

第三个问题：耶鲁的 4~6 人学生公寓可能是你在耶鲁求学经历的重要组成部分，你打算怎样为学生宿舍的活力做贡献?

第四个问题：你更希望自己哪些方面可以更好或什么事情可以做得更好?

第五个问题：除了通用申请里列出的考试之外，请列举到目前为止你曾经参加过的考试名称、时间和成绩。

第六个问题：上高中之前，如果你在国外上过其他的课程，请列出上学时间、学校、国家和教学语言。

第七个问题：在这篇申请文章中，请写出你希望我们了解的、在申请中没有展示的内容。可以是任何内容，例如个人经历、兴趣爱好、学术追求等。（请限制在 500 词以内）在你开始写作之前，我们建议你访问这个链接 http://admissions.yale.edu./essay，你将会发现有助于写作的建议。

耶鲁大学的文书要求，基本上是大而全，希望全方位地了解申请人，希望看到申请人具备的真实的优势和才华。有故事的申请人会有足够的机会和空间来展示自己的各种优秀，但是需要申请者投入足够的时间，去选择、汇总自己的背景信息，并分析这些信息和学校、课程的相关度和匹配度，从而最恰当地展示最优秀的自己。

第五章

英国 TOP5 名校招生官揭秘录取规则

本章收录了英国TOP5院校的校长、招生官、国际办公室主任等对“中国学生如何入读英国名校”这一核心问题的深入探讨，话题包括：申请流程、申请注意事项、奖学金、个人陈述、推荐信、面试、就业……从招生官口中，抓住入读名校的钥匙吧！

01 专访剑桥大学副校长 Ian Lesile

剑桥大学副校长：我眼中的优秀中国学生

问题：众所周知，剑桥已经走过了八个多世纪。人们难以想象一所大学如何在那么多年之后还可以受到全世界的欢迎。此时正值剑桥大学800年校庆之际，那么，是什么使剑桥大学历经800年的沧桑，直到今天仍然能够这么受欢迎？剑桥大学经久不衰的魅力究竟来源于哪里呢？

Lesile：这个问题很难回答。从某种程度上讲，这的确是一个很大的成功。也的确有一些因素促使剑桥获得成功。比如，我们一直以来都招收最优秀的学生，拥有最出色的教师队伍并为他们提供各种资源和机会。最优秀的师资力量，最优秀的学生齐聚剑桥，并且这二者之间不是简单的教学关系，而应该这么说，剑桥提供了一个环境，让最优秀的思想相互碰撞，这二者是相辅相成的。剑桥经历了很长时间才达到这一目标，并且我们必须将它坚持下去。创业容易守业难，所以我们必须每走一步都很谨慎，招收最优秀的学生，吸纳最出色的教师是我们必须坚持的原则。

问题：在中国有一种说法称剑桥需要的是天才，传言称剑桥只招收极少数天赋异禀的学生，事实是怎样的？您能帮我们澄清一下疑惑吗，很多中国的普通家长和学生都怀有这样的疑问，比如，我到底是否符合剑桥的要求，我可以申请剑桥吗？

Lesile：要知道剑桥的确需要非常优秀的学生。我们鼓励大家申请剑桥大学，但是正如我前面提到的，剑桥只招收最优秀的学生。

问题：具体是什么样的优秀学生呢？是那些在专业上有着出色表现的学生还是天才学生？优秀的标准会具体体现在哪些方面，只要课业成绩优异就可以获得剑桥的青睐吗？还是说不光如此，剑桥青睐的仅仅是极少数的天才少年，智商190的那种？

Lesile：剑桥更需要我们的学生具有专业学习能力，能证明你未来的几年有能力在剑桥继续学业。学生自身已具备相当潜力，剑桥只是发挥一个很好的启发和引导的作用，开启智慧之门。那么，专业的学习能力具体依靠什么来体现呢，我想学生过往的成绩是一个很好的体现，所以，将学生的专业成绩和学习能力二者区分开来是比较困难的。尤其是针对研究生申请者而言，学生在大学期间的学习成绩是对学生学习能力的最好的证明之一。我们期待有更多优秀的学生申请剑桥。

问题：现在全球都受到金融危机的影响，有传言说，有的学校就不得不将一些留学生拒之门外，或是停止一些奖学金的发放。在剑桥有类似的情况发生吗？剑桥大学会减少对国际学生，特别是中国学生的奖学金发放吗？很多中国学生非常关心金融危机对奖学金发放制度的影响，正如您之前所说，中国有很多优秀的学生希望能申请剑桥大学，但是高昂的留学费用或许会使他们望而却步，奖学金或许是他们通往理想殿堂的唯一希望。请校长先生帮我们解答一下。

Lesile：剑桥的多数基金都是部分性的。我们必须要看看接下来的发展情况再采取相应措施，现在还不好对金融危机带来的影响做出全面的估量，不过对于你上面提出的问题，针对留学生设立的奖学金的确是减少了一些。

问题：那么对此剑桥做了哪些努力以应对金融危机？

Lesile：据我们所知，从另一方面来讲，目前针对留学生设立的奖学金的资金来源都很有保障。

问题：在剑桥所有的留学生中，中国学生的数量是最多的。您可以稍微解释一下吗？因为在牛津，最大的留学生群是来自美国。

Lesile：是这样，牛津有针对美国学生设立的奖学金计划，所以这一点对美国学生有很大的吸引力。剑桥也有类似的奖学金，相对来说是对所有学生开放的。

问题：有专门为中国学生设立的奖学金吗？

Lesile：没有。因为有太多留学生是来自不同国家的，所以很难面面俱到。

问题：什么样的中国学生是剑桥所期待的？

Lesile：我们不会特别在意这个学生究竟是来自中国，还是其他国家，会保证全球性选拔的公平。

问题：在剑桥的中国学生学习都很刻苦吗？作为校长，您对中国学生的学习态度满意吗？

Lesile：在剑桥的每位学生学习都很刻苦，不只是中国学生，美国学生、印度学生也一样。要知道，能进入剑桥这所大学继续学业，他们必须首先是优秀的；进入剑桥后，每一位学生也都很认真地对待他们的学业，在剑桥的每一位学生学习都很刻苦，尤其是研究生，因为他们要在学业上投入更多的时间和精力。

问题：中国是一个人口大国，也有自己的大学入学考试——高考。但是这样的教育体制也存在着一些问题，因为这样的考试体制可能会埋没许多有潜力的学生。剑桥的录取体制和中国的教育体制之间会有冲突吗？正如您此前提到的，剑桥只招收最优秀的学生，体现优秀的最有利证据就是过往的课业成绩，但是高考的确是有可能埋没部分因一时发挥失常或其他原因而错失机会的优秀学生。

Lesile：在本科生的录取方面，我们依照的是英国标准，例如最普遍的 A-Level。我们还需要学生具有非常高的综合素质。这一点我们与中国很不同。

问题：您认为剑桥大学最吸引中国学生的地方在哪里？

Lesile：首先，学生了解剑桥的历史、文化，通过对剑桥的了解，学生们相信，目前剑桥就是世界上进行学习和研究最好的地方。剑桥是一个非常好的地方，是世界上最好的地方，适合在这里潜心学习和研究。

问题：现在中国的发展非常迅速，但对于中国目前的教育发展您有哪些意见？

Lesile：无论是中国经济方面取得的巨大成就，还是中国大学教育体制的改革都是令人震惊的。可喜的是，中国大学在发现优秀人才方面做出的变革和努力也是非常惊人的。至于现在的中国教育体制，我想应该有更多的大学成为研究带头人，同时还应该有能培养更多优秀学生的教育体制出台。

问题：剑桥与中国许多大学都有合作交流关系，具体有哪些方面的合作项目呢？

Lesile：在每个方面我们都有合作，都是学术方面的交流合作。

问题：在北京，剑桥有具体的合作对象吗？

Lesile：我们与北京大学、清华大学都有合作以及学术交流方面的互访等等。

问题：会有中国教师来剑桥深造吗？

Lesile：会有一些中国教师以访问学者的身份来剑桥做一些学术性研究。我们的一些教授在中国也有同事。我们也鼓励交换留学生等活动。

问题：不少的中国学生、教师都很想来剑桥接受培训。剑桥有类似的项目吗？

Lesile：目前我们还没有类似针对教师的培训计划。

问题：前不久我在一本由一位美国学者所写的书上读到，英国已不再是留学生的首选，英国的教学质量下滑严重。书中还提到剑桥也不再是排名第一的学校了。这样的言论在国内并非个别现象，很多学生和家长都担心英国

的教学质量。现在许多中国学生将美国作为留学的首选目的地而非英国。我想，这可能是出于一些奖学金资助方面的考虑，比如美国发放给国际学生的奖学金相对优厚，可能也是出于对美国开放教学环境的向往——当然我本人不这么认为。

Lesile：当然，美国是有非常优秀的教育机构，但并不像有些人认为的那么多。要知道，英国有足够优秀的学校。在基金组织、移民政策或政府政策等方面，美国、英国会各有不同。一些美国学校的确有更多针对留学生而设立的资金资助，但英国有更多优秀的学校。我们也会继续努力吸纳更多的优秀学生。正如您刚才指出的，中国有着世界上19%的人口，如果剑桥有18 000名学生，其中可能就有3 400多名来自中国。就英国的教育质量来说，这是非常有利的。

问题：如果中国学生听说美国更有吸引力，在这种情况下，剑桥会采取什么样的措施来争取更多学生的信任和认可？

Lesile：我们需要做的就是确保中国学生来到剑桥能受到最好的教育，对于这一点我们也很有信心。我们不像许多美国大学那样尽可能地吸收更多的学生。

问题：对于中国学生，剑桥是否也有很好的经济保障？

Lesile：是的。

问题：并不是所有的中国学生都很清楚申请奖学金的相关事项，您是否能为他们提供一些建议？

Lesile：这一点在我们的网站上都有详细的说明。我们还与中国的相关机构共同设立基金。

问题：有些大学在中国设立了相关的下属机构，比如分校、培训中心之类的，剑桥会吗？

Lesile：我们不会。我们认为所有的机构都应该在剑桥里。我们会让剑桥成为理想的学术中心，这样会吸引许多优秀的学生。你必须要了解这所学校，不能一味地扩大学校。还应该清楚，它是否适合那里的外部环境。对外的交流也十分重要，剑桥还需要与有着知名度的学校交流学校在过去和现在所取得的各种成绩，需要让社会知道这所学校是对社会有贡献的。

问题：最后让我们来谈谈剑桥的传统。有言论称剑桥的传统已经跟不上现代的发展步伐了。对于这一问题，您怎么看？

Lesile：这种说法我们已经听了好几年了。我们也在迅速地改变，我们所做的都是为了更好地适应现在的社会。

问题：最后请您对广大的中国学子们说一些您的体会。

Lesile：首先，在剑桥的中国学生取得了出色的成绩，我们希望通过在剑桥接受的教育这些学子可以在今后为中国的发展发挥更好的作用。其次，我们希望大家知道剑桥并不是面对所有学生，我们需要聪颖出色的学生。在剑桥我们也为学生们提供非常多的机会。最后我想提醒申请者们的一点就是：申请牛津或者剑桥在填写申请表格时是有技巧的。在申请牛津、剑桥的表格中最好填写 Preference College（优先选择学院）。如果学生把这个问题空着，就表明学生对牛津或者剑桥的各个学院没有倾向性或者任何偏好而选择了 Open Application（公开申请）；如果填写了某个学院的名字则表明采用的是 Application to a College（申请一个学院）的方式，这两种方式都不是明智的选择。因为对这个问题的不同回答将直接决定学生在牛津、剑桥申请之旅上迥然不同的申请程序和录取要求，甚至会直接影响申请的成败。

02 专访剑桥大学招生主任 Prof. Cardwell

剑桥大学招生主任：入读剑桥的标准

问题：你们是专程来中国进行面试吗？

Cardwell：不一定每年都是。我们面试的学生数量有限，所以我们必须提前做一些筛选。通过 EMERSON 体系进入剑桥的学生们表现都非常优秀，其中申请工程学专业的学生中就有 60% 成功获得最高分数。

问题：请问这些都是中国学生吗？

Cardwell：20% 的中国学生已被工程学专业有条件录取。去年在所有申请工程学的学生中，61% 的学生成功通过 EMERSON 体系进入剑桥。我们也感到通过这样的途径很容易发现优秀的中国学生。

问题：我了解到您除了担任剑桥大学的招生办主任外，也同时担任工程学专业的导师。

Cardwell：对。同时我也在招生办工作，所以我比较清楚（主要是理科方面）相关专业的招生情况。

问题：我们知道，大部分中国学生都倾向于申请剑桥的理科专业。

Cardwell：是的。我们的录取率大概是 20%。我们需要学生在相关专业上有优异的表现。当然同时也能够用英语与人进行交流。整个的录取过程都是把中国学生的利益放在第一位的。进入剑桥就读的中国学生会远离家乡，学费也是一笔不小的开销，需要面对很多情况，所以我们必须要为学生负责。

问题：现如今有不少学生选择美国作为留学的目的地，而非英国。而在中国也有类似的一些传言：说英国，当然也包括剑桥在内已不再是学生留学的首选了。请问您对这种说法，是如何看待的？

Cardwell：我认为，剑桥对于留学生设立的标准和要求向来都非常高。其他一些大学所采取的某些措施我们是不会采取的，比如按照学生的经济实力来衡量学生。美国的许多顶尖名校中没有几所会面试学生。而没有面试这一过程就直接录取学生对剑桥来说是不可能的。全世界有许多声称名校的学校仍没有面试。有些学生在试卷上有着出色表现，但在面试中，你可能就会发现他并不太适合学习这门专业。我们会非常仔细地选择有着出色专业表现的学生。我们会花 4 个小时的时间进行筛选。这个过程通常比许多其他学校多花将近 10 到 20 倍的时间。所以我们学校的质量是绝对有保障的。也正因为这样我们才会一直保持高标准。

问题：由于现在的金融危机，许多学校在选择学生时不仅会看他们的专业成绩，也会考虑他们是否有一些社会背景，或者是否有能力向学校捐助资金。

Cardwell：的确存在这样的现象。但在英国排名前 28 的大学中，我们是根本不会考虑这些的。能否进入剑桥，学生必须具备两个条件：一是有专业学习的潜力；二是学生必须通过相应的语言考试（如雅思）。这两个条件是相互独立的。我从没有问过学生的家庭经济条件或者他们以后是否能挣许多钱。而许多学校采用这种方式来录取一些在专业上不符合要求的学生，然后再在他们身上花一年的时间进行培训。剑桥是绝对不会这么做的。我们的专业要求都非常严格，我们提供的两种入学方式也是独立的。没有一个导师会从经济方面选择学生。

问题：大家都知道剑桥被称为高贵的学府。相比于比较有经济实力的学生，那些没有足够经济背景的学生进入剑桥的机会并不大。是这样吗？

Cardwell：如果学生没有一点经济实力，那么申请进入剑桥学习肯定是比较困难的。作为一所英国大学，我们招收的主体学生还是英国本土的。我们需要遵照欧洲的相关法律条文。如果中国认为剑桥可以为其学生提供很好的教育就得因此付费，这是讲不通的。如果要在英国接受教育，就应当接受英国教育的要求和条件。所以中国也应该为中国学生负责，如果有需要，中国应该为这些留学生提供资金资助。我们需要的并不是有钱的学生而是那些既有优秀的专业表现又有经济能力学习专业知识的学生。在我们所接收的来自全世界国家的申请者中，中国作为最重要的发展中国家，是提供本科生奖学金最少的国家。

问题：在中国大陆，剑桥为贫困大学生设立了一系列奖学金。还有没有其他的奖学金，如何申请呢？

Cardwell：剑桥会通过奖学金资助学生，但并不是完全资助。如果学生一点经济基础都没有，恐怕申请剑桥不是一个合理的选择。

问题：这样的情况可能不会有，但的确有些学生有经济困难。请问在这一方面，剑桥有哪些具体的举措？

Cardwell：这正是问题所在。在新加坡，如果申请者没有任何经济基础，新加坡政府就会为其提供全额奖学金。而在剑桥就读的绝大多数马来西亚学生也是接受马来西亚政府全额奖学金资助的。可是由于一些原因，中国还没有类似的措施来解决学生的资金问题。当然能有中国学生来剑桥就读，我们感到很高兴，但中国还是应该为这些中国学生提供相关的资金支持。

问题：那么您认为中国的教育系统应该采取什么样的措施？

Cardwell：应该制订一些相关的政策。剑桥的大部分中国学生读的是理科专业。而中国有比其他国家多得多的公司企业，他们可以拿出一部分资金来资助工程学或数学等专业的学生。但中国的工业界却并没有在这方面提供任何帮助。

问题：我了解到一些中国学生来剑桥就读的同时接受了一些私营企业的资助，但是他们毕业后需要到提供资助的企业工作，是这样吗？

Cardwell：这很公平。既然学生事先接受了这些企业的资金资助，那么理应在毕业后到这些企业工作。但是就我所知，没有一名中国学生得到了中国政府的全额奖学金资助。新加坡、马来西亚政府提供这方面的资助，但中国并没有。关于剑桥歧视贫困学生的说法一直都有。如果中国都不会资助中国学生，那么剑桥为什么要资助呢？我们清楚地向中国政府、中国企业和中国基金组织传递这个信息：中国学生在剑桥表现非常出色，他们现在所学习的东西将会对中国大有帮助。

问题：接下来让我们来谈谈招生流程。许多还是有一定实力的学生，不太清楚剑桥大学的申请流程，可以请您简要和我们谈谈吗？

Cardwell：在我们的官网首页上有着非常清楚的流程说明。首先需要学生在网上进行申请，接着需要填写一些相关问题。当然学生们还需要向 Newcast 系统递交申请。有部分中国学生是向学院直接递交申请，也有学生是向学校递交申请然后学校帮助学生选择学院。也有学生是通过联系导师，从中获得申请方面的建议。学生会提前数月参加英语考试，接着我们会选择出想要面试的学生。我们会通知不用参加面试的学生不需要申请 Newcast 系统，这些学生只需要通过入学考试就可以了。如果学生认为自己非常符合条件，他们可以在 9 月 15 号之前直接向相关学校或学院递交申请。我们大概会选出 250 名这样的学生，然后其中大约 60 名有机会参加面试。我们需要挑选出这 60 名学生，这对我们来说非常困难。因为在我们收到的申请中，大家来自不同省市，这也使得我们很难比较学生的专业表现。我们尽可能多地面试中国学生。面试通常是在 12 月上旬举行。如果在剑桥，学生需要参加两个面试，在中国，学生只有一个面试。

问题：一些参加了面试的学生说，面试当中的问题并不与其申请的专业相关。面试题有故意刁难的嫌疑？

Cardwell：剑桥的面试不会。我们会问一些专业问题，针对申请工程学的学生，我们会想知道学生为什么想学习这个专业并能说出具体相关的例子。如果是申请物理方面的专业，我们会问他知道哪些现代物理知识，接着会问一些数学、物理方面的问题，或是现场提出一个问题要学生来解决。所以这些都与申请的专业相关。在我们的经济学专业的面试当中就有关于经济学的具体问题。

问题：请问，参加了面试的学生是不是比没有参加面试的学生更有机会？

Cardwell：没有参加面试的学生是不会收到录取通知的，仅仅凭一些书面材料来决定录取学生是不可能的。之前的工作都是在网上进行的。

问题：在面试之前会有一些对学生的评估，比如学生的 PS、在校表现以及推荐信？

Cardwell：我们会全面考虑过后再发出录取通知。我们需要看学生的 PS、在校成绩、个人材料以及推荐信。我们还会考虑学生在面试中的表现。

问题：那么我们具体来谈谈，首先什么样的 PS 是你们所期待的？

Cardwell：我并不要求有完美的英语表达，在面试中同样如此。在面试中，经常有学生不记得专业术语，那么我就会让他们说出相对的中文。如果学生的英语水平不太理想，我会做下记录，如“专业表现优秀但需要 7.0 分的雅思成绩”，这样学生就有更多的时间来提高英语水平。学生只需能用英语进行交流就可以。

问题：这和其他学校的情况很不一样。其他学校对学生的语言要求都十分高。

Cardwell：我认为学生会学习得很快。我们更看重的还是学生在相关专业上的潜能。

问题：学生该达到的雅思基本分数是多少？

Cardwell：7.0 分。在有些部分比如写作，只有 6.5 分的学生仍有机会。去年有一名中国学生应该是我所面试过的学生中最优秀的。在面试进行到一半时我居然忘记我面对的是一名 16 岁的申请工程学专业的中国学生，我以为面试的是一位剑桥的讲师。这名学生的专业知识惊人得深。在面试的 60 名学生中他应该是位列前 5 名的。至于 PS，学生需要的是我们相信他对于所申请的专业的热情以及学生为什么会选择这个专业。当然没有一个学生是因为 PS 的原因而被拒绝。如果学生的在校记录不令人信服，与其 PS 的内容不相符，又没有很好的推荐信，这样的学生是不会有机会参加面试的。我们不会因为经济因素将学生拒之门外。面试的问题会与专业相关。我们需要了解学生的专业水平。整个招生流程绝对公平。

问题：剑桥特别青睐什么样的推荐信呢？

Cardwell：在信中，老师应该说明该学生在专业上有着怎样的表现。好的推荐信会对学生帮助很大。

问题：什么样的老师适合写推荐信？

Cardwell：老师应该很了解这个学生。如果学生不擅言谈，那么一封好的推荐信就会帮助很大。借助推荐信我们可能会了解这个学生的特点。如果通过推荐信，我们知道这个学生擅长言词，那么在对他进行面试之前我们会决定让面试更有难度，让学生更多地听而不是说。

问题：但有许多中国学生想让一些著名学者来写推荐信，然而这些学者却并不了解这个学生。

Cardwell：这一点值得注意。写推荐信的老师不需要多有名气。正如学生想上剑桥就是因为剑桥的名气，这个原因是错误的。正确的原因应该是剑桥能提供对的专业，能帮助学生取得最优异的学术成绩。

问题：有说法认为剑桥只把注意力放在中国前十的大学上，是这样的吗？

Cardwell：不会。我们不在意学生出自多么优秀的学校。我们需要的是最优秀的学生。甚至有些出色的学生之前毕业的学校并不优秀。

问题：在中国有这样的传言说，只有毕业于清华才有资格上剑桥？您是怎么看待这一问题的？

Cardwell：不，任何人都有资格上剑桥。我们欢迎来自任何学校的学生申请剑桥。

问题：据说有些英国学校会歧视一些不太有名气的中国学校。

Cardwell：绝对不存在这种情况。如果现在面试两名学生，一名来自清华，但却回答不了最基本的问题，对于专业没有一点热情、专业知识有限。另一名学生来自一个名气很小的学校，但却非常出色，对专业有很好的洞察力，毫不费力就能回答问题，并对专业有着非常高的热情。这种情况下，你会选择谁？

剑桥希望能吸纳那些在专业上有出色表现的学生。在看过学生的申请材料后，我们需要知道学生是否能学好这门专业。如果学生处于中上等水平我们也会录取。我们关心的并不是学生来自什么国家而是这个学生是否能学好专业。

问题：还有传言称，剑桥更青睐欧洲学生而非亚洲学生。

Cardwell：我们有 22% 的工程学专业的学生和 54% 的在读博士后都来自非欧洲国家。人们需要在了解了这些数据之后冷静地看待这个问题。我们在招生流程上做了许多努力，所有学生无论他们来自哪个国家，都可以来申请，我们愿意接受在经济上有困难的中国学生，但是很遗憾，我们并不能帮助他们太多。希望中国能够多关注这个问题，并能提供很好的实际解决办法。

03 专访牛津大学国际办公室主任 Heather 和招生副主任 Paul

牛津大学国际办公室主任谈选才标准

问题：牛津大学可谓是天才的天堂，全球优秀的学生都对这里非常向往。牛津只会青睐最优秀的学生，而非普通的学生。在国内有一种非常普遍的传闻：牛津大学只看重中国排名前十的学校，例如北大、清华、复旦等等。也就是说，其他普通学校的学生能上牛津继续深造的机会很小，是这样吗？

Heather：不论学生来自何种水平的学校，我们都会鼓励大家申请牛津，不管是来自中国还是其他国家，甚至是英国。我们也了解到许多人都认为牛津是一个充满天才的偏僻小镇。其实并非如此。不仅像 Paul 和我这样的人可以进入牛津，这里还接纳许许多多的人才。不论他们有着怎样的个性，至少有一个共同点，那就是：这些人都很聪明，都勤奋学习。而且我们也会有学术能力方面的考查。在本科生水平上您也提到了一些相关数据和情况，在申请者当中大约有 25% 的学生能进入牛津，而这个概率还是相当高的，因为许多人已经事先淘汰了自己。我们鼓励大家申请，请不要事先就淘汰自己，让牛津做决定。您刚刚提到的第二点是关于牛津将目标锁定在中国排名前十的名校，在研究生方面，的确如此。我们对那些来自知名学校的学生很感兴趣也很高兴能接受这些学生。但同时我们也收到了许多其他的申请，而这些学生来自知名度不太高的学校。我们也会做一系列有关全中国大学生的研究，这其中有太多类型的学校了。所以无论是来自名校的申请还是其他院校的申请，我们都很高兴能收到。再次提醒大家千万不要事先就淘汰自己，还有老师们，请不要让学生们丧失信心。

Pau：人们还会认为牛津学生不需要选择一门学科，尤其是本科生还有研究生。其实他们非常有必要找到一门自己真正喜欢的学科并且能够保持住这份热情。仅仅坐在教室里，照着老师说的做是不够的，学生还应该做好准备自己继续专业的学习，比如去公共图书馆借些书做一些查阅，或是去当地其他大学学习更多知识。所以，进入牛津的学生不仅仅因为他们是天才，更重要的是他们有热情自己进行额外的、更多的学习。这样就会激发他们更高的热情和好奇心。

问题：许多人把出国留学看成是一项奢侈的求学，特别是能入读牛津大学，家庭条件一般的学生可能连想都不敢想。我这里有一份数据表明，只有1/10的牛津学生来自比较贫困的地区，那么，有什么样的奖学金是针对这些学生设立的？

Heather：在本科生这块，我们有几种奖学金是针对非常优秀的中国学生而设立的，而其他的一些奖学金则是专门针对牛津本地的学生的。而相对于其他非欧洲国家的学生，中国学生获得奖学金的概率最大。我们还有一个中国牛津奖学金基金会。中国学生也非常有能力争取其他一些普通奖学金，这些针对的是在英国学习的留学生，比如至奋领奖学金，或是专门针对理科的奖学金。像这样的选择还是比较多的。不过可惜的是，我们没有设立相应针对本科生的奖学金。

问题：牛津是否与一些中国学校有交流生之类的合作项目？

Heather：我们和中国很多高校一直保持联系，比如与北京大学一直有很好的合作关系。牛津和北大都是世界研究中心的主要成员之一。我们在一起联办夏令营等课程，前几周北京大学的两位学生来牛津接受短期课程培训，我们也同时送学生到北京大学接受教育，我们跟中国大学最大的合作项目是医学方面的。

问题：我们来谈下最重要的申请流程。申请牛津大学，这是很多中国大学生的梦想，最近我知道牛津大学在入学申请表中作了一些改动，是真的吗？

Paul：是的，其实我们一直都会做一些调整以便改进我们的申请和录取系统。通常来说，对于中国学生，英国是比较容易申请的。通过 Newcast 系统，学生们可以申请到不少优秀的英国名校。通常一次最多可以申请五所这样的学校，牛津就在其中。所以在这一方面大家不需有太多担心。我们有比较完善的申请程序，而申请的学生们又有良好的素质和潜力。我们还设置了附加的一系列流程以便选出非常符合条件的学生。在录取检测中涵盖了主要考查的两方面。大约有 75% 的学生会接受检测，检测的内容根据所申请学科而定，如法律方面的专业或是数学专业。申请的下一步就是面试那些成功通过检测的学生。所以我们会面试大量的学生并且期待有更多的学生接受面试。由于牛津大学高度注重学术性研究，希望吸纳学习多媒体技术的学生，所以我们从今年开始会以视频的方式来面试学生。在牛津，我们有书面的材料，而在中国各地区的学生将会通过视频来接受我们的面试。在此过程中我们会进行大约半小时的书面考查，然后我们和学生都会坐下来交流，以便了解他们对所申请专业的所思所想。所以，牛津大学的申请流程和许多其他的英国大学有所相似。

问题：据一些在牛津大学就读的中国学生回忆，申请流程分别有个人陈述、老师的推荐信以及最后的面试环节。那么，牛津又是以什么样的标准来衡量个人在校表现的？

Paul：首先我们会看学生在校（高中）取得的学科成绩。现在由于中国香港学校素质考查体制的多元化，香港学生可能会在不同的评分机制下学习。所以有些成绩是已经取得的，而有些成绩只是全部成绩中的一部分，其他的得等到所有课程结束才会有，因为许多申请的学生还未大学毕业。我们学校网址的首页上清楚标明我们所需要的成绩可以是部分成绩，只要申请学生已经相对比较符合条件就可以了。如果申请具有特定成绩要求的专业比如工程学，那么我们就会需要学生在那些方面的评估。如果申请比较特殊的专业，我们就会特别注重学生所掌握的相关技能的情况。最后个人陈述和老师的推荐信在申请过程中非常重要。因为我们还需要考查学生的其他方面，比如书面测试或是写作能力或者面试。我们需要通过这几个步骤全面考查学生，同时从学术角度来选择最优秀的学生。

问题：在本科生录取方面，牛津是否也通过A-Level、IB以及雅思成绩来考查一些中国的高中生？

Paul：雅思成绩非常重要，因为牛津大学导师制的特性决定了学生无论是口语还是书面语都应该拥有较好的英语水平。不管是在对英语要求较高的英语专业或是历史专业，还是在理科专业中，拥有良好的英语水平都十分重要。只有着高分数的学生被录取的情况是凤毛麟角，通常学生不仅在专业学习上需要有优秀表现，还应在其他方面也拥有良好的能力。

问题：在上面提到的三种考试中，哪种是你们青睐的类型？

Paul：在这三种考试中没有哪一种是我们的首选，因为学生可能来自不同的地区，考试的类型也并不统一。

Heather：雅思是针对英语水平的考试，其他两种考试针对的是学生对所学专业知识的掌握情况。

问题：在中国，最普遍的考试是雅思。也有一些学生，很小的时候就来英国学习，随后参加A-Level，您认为这种做法有优势吗？

Paul：我们同样需要通过雅思或托福成绩看学生的英语语言水平，这很重要。甚至对于本科生，我们的语言水平要求也非常高。我们对于学生的期待很可能高过其他英国大学。这一点需要区分开来。而 A-Level 针对的是专业学习的学术内容。我们也有一些拥有这些能力的学生是来自中国大陆的，还有一些学生是之前在英国的学校已经学习了两三年。在这样的情况下我们会以不同的标准考查学生。在录取方面，不论学生之前的学习背景如何，都不会有任何差别。可能之前已经在英国学习的学生会有一些机会或者优势，但这并不是我们看重的。

问题：有新闻说相对于亚洲或其他国家的学生，欧洲国家的学生颇受牛津大学的青睐。

Paul：并不是这样的。

Heather：不管学生来自什么国家牛津都一视同仁。

Paul：其实通过数据大家可以知道，情况正好相反。

问题：现在我们来具体谈谈研究生录取方面的 GPA 要求。

Heather：和录取本科生一样，我们在录取研究生时也会进行全面的考查。我们会看 GPA，我们需要知道学生的英语水平是否达到要求。各个学位有不同的水平要求。如果是申请 PHD，我们会看学生的学术观点和所做的学术研究，之后会考查学生的学术观点是否与可能即将指导他的导师的观点相符。当然我们也会参考学生前任教授的推荐信。有些系会面试，有面对面的，也有远程的或者通过视频进行的。我们会考虑到所有这些方面的考查。

Paul：这里需要注意的是在牛津，教学是一对一的导师制。所以我们在录取方面也是一样的。光看学术或者论文是不够的。在本科学习中，专业表现会决定学生是否适合学习课程。好分数固然很重要，但我们在录取过程中也发现我们需要了解学生的情况以及学生的优势和长处。不过即使有的学生 GPA 不高，可还是有其他值得我们注意的优势。至于分数，只是我们考查学生的一部分。

Heather：我们选择学生看的是他们之前的在校记录。

Paul：学生也希望是通过自己的实力进入牛津的。我们接纳学生是因为他们优秀。

问题：是不是许多申请的专业都要求有面试环节？令人遗憾的是，很多学生都是在面试环节上被拒绝掉的。

Heather：申请本科都需要面试，申请研究生则视申请专业而定。

问题：那么在申请研究生的面试过程中，学生需要具备怎样的特质才可以顺利通过面试呢？

Heather：在面试中，学生可以先做一个大概陈述，因为通过这种方式我们可以知道你想申请什么样的专业。陈述应该侧重于最想学习的专业。所以经常会有一些例如“你最大的兴趣是什么”等问题出现。

问题：能不能具体说下面试的流程？有传言说，牛津大学的面试题有些“故意刁难”的嫌疑？

Paul：对于本科生，面试的侧重点同样是学生最想学习的专业。面试并非智力问答，更像谈话。上课也同样如此，老师和学生之间更多的是谈话式的交流。我们要做的就是知道学生掌握了多少，之后再决定我们是否可以教授给他们新的知识，同时看看学生对于新掌握的信息的思考并将所学的新知识融入到答案当中。例如在关于物理方面的面试中，我们可能会给你一个相关的测试，如果你成功了，我们会让测试变得更难一点，如果你仍然能给出漂亮的回答，那我们就继续增加难度，以此来看看你到底能走多远。当学生被难住了，我们便会开始交流新话题。如果学生面试过后觉得每一题都答对了，那么他们很可能已经失败了。如果学生过后觉得面试虽然很难但很有趣，那么他们已经从面试中学到了一些新知识，而且也很可能有了一次成功的面试。因为面试是和导师制相结合的，对于中国学生，他们应该在谈话中掌握主动性，并且自由地说出对所学专业的想法。我们并不希望他们吹嘘自己如何优秀，我们想听到的是他们说“我喜欢……”。在申请本科的面试中，我们试图不让学生看到问题明显的关联性，但在问题和具体的专业学科之间的确存在着一些关联。面试中的问题总是和所学专业相关的，我们需要通过这些问题了解学生的想法，是否只关心他们所知道的事物。如果我们谈及新鲜话题，他们的反应又会如何。因为在大学里总是不断出现新的研究领域、新观点。我们想知道他们在面对新挑战时会做出怎样的反应。面试是录取的最后一个流程，在此之前我们会全面地考虑申请者的情况。我们也了解到有许多未能成功申请到牛津的学生之后也进入了其他国家同样出色的大学并且取得了优异的成绩，之后他们会回到牛津学习研究生或博士课程。也许那才是他们进入牛津的最佳时候。

问题：哈佛、耶鲁这样的美国名校是否设有面试环节呢？

Heather：部分学校是有面试环节的，尤其是在申请本科时，美国顶尖的名校是会有面试环节的。在申请牛津的研究生时，有一些院系是没有面试的。不同学院会有不同的安排，有面对面的面试，有视频面试，也有电话面试。其实大家不应该因为面试而选择退缩或放弃，面试无论是对于本科生还是研究生来说都应该是一次可以进一步了解牛津、牛津的教师还有可能即将学习的专业的绝妙机会，因为可以和教授们谈论自己的想法。不管成功进入牛津与否，这都会是一次有意义的经历。所以在面试中，应该是学生提供尽可能多的信息。

Paul：有些学生不喜欢面试，但这正是牛津导师制的精髓所在。中国学生需要的应该是自由选择自己所感兴趣的话题然后深入探讨。

04 专访伦敦政治经济学院招生主任 Peter Williams

伦敦政治经济学院招生主任谈大学排名

问题：虽然不能完全将排名作为衡量一个院校优劣的终极指标，但是不可否认的是，排名确实具有一定的参考价值，特别是各种机构都不约而同地把伦敦政治经济学院（LSE）排进英国前五的院校，请您给我们介绍一下政治经济学院的魅力在哪，好吗？

Peter：要了解伦敦政治经济学院，最重要的是了解我们在社会科学方面的世界领先地位。LSE 建于 1895 年，我们的建立者当时建立学校的目的就是分享英国乃至全世界的社会问题。我们学校有非常高的研究能力，非常国际化。大部分学生来自英国以外的国家。我认为这也是 LSE 的全球化特征。对于教学我们是非常强调的。

问题：正如您所说，LSE 是众多学生梦寐以求的高校，但现在，在中国国内，不少机构和所谓权威人士都曾宣称，英国不再是世界一流国家，很多剑桥、牛津和 LSE 等名校不再是中国学生留学的首选。很多学生倾向于去美国留学而不是英国。请问，这只是中国国内的一种看法，还是而今国际上也都这么看待这一问题了，您如何解释这样的现象？

Peter：当然，学生找到好的学校以及好的课程是至关重要的，无论是在美国还是在别的国家。我认为学生要有一个明确的目标，知道自己的动机和知道自己想得到什么。英国的学习机制很有效果，因为他可以让学生在三年内完成本科课程，一年内完成硕士课程。例如，一个学生想来 LSE 学习经济，如果他们来学习四年的话，他们就可以本硕连读，四年就可以毕业。但如果在美国的话，四年的学习只是完成本科阶段的学习。所以，如果学生已经有了非常明确的目标去学习一种专业和技能的话，英国的学习制度是非常适合和有效率的。另外我想说的是学生应该仔细了解他们申请的每一所学校。LSE 是一所国际性的大学，这里的学生和毕业生在商业、法律、政府等领域扮演着重要的角色。我们的研究成果受到全世界其他研究所和学校的参照和拜读。所以我强烈地鼓励中国的同学们，如果想在世界级的大学深造可以重点考虑 LSE。

问题：感谢您。正如您所说，LSE 录取的学生需要具备全球化的思维模式。我知道，LSE 在美国有着很高的声誉。

Peter：我认为这是因为 LSE 跟美国很多高校有非常紧密的联系。我们有数以千计的美国留学生以及很多曾经在 LSE 接受过培训和毕业的学生活跃在世界的各主要领域，扮演着重要的角色，这也归功于我们的研究成果。事实上美国和中国留学生是 LSE 的两个最大的留学群体。

问题：您刚才提到了英国的留学期限比美国要短，很多人都怀疑过，这么短的学制是如何保证教学质量的？（英国本科三年，硕士一年。）

Peter：我想是因为我们录取的学生在来伦敦之前已经具备非常高的专业技能。这也是我们有严格的录取标准的原因。比如：学生想要学习会计，那么他们必须具备非常高的数学技能。这样我们一开始就可以从一个非常高的层面上培养他们。我们强调录取非常特别的学生。

问题：现在我们来谈下详细的申请流程，首先您认为什么时候申请最合适？

Peter：当然，肯定是申请越早越好。学生应该在他们正式入读前一年申请。如果学生想要在 2010 年就读 LSE，那么他们最早可以在 2009 年的 9 月申请，最后的申请日期是 2010 年 1 月 15 日。学生想申请 LSE 或者其他英国学校最好早点申请。最理想的是在 10 月份申请，这是我个人的建议。学生想申请像 LSE 这样的高校，千万不要等到 1 月中旬再申请。

问题：这个答案有点儿出乎意料，因为很多国内指导留学的书籍上标明是申请截止日期前申请，效果都一样。而您直截了当地告诉我是越早越好。

Peter：是的，这是根据我个人的审核申请材料的经验得出的。我得告诉您，如果学生在 1 月 15 日后递交申请我们还是会审阅的，但录取的可能性不大。

问题：那么能否告诉我们申请最后期限是什么时候？

Peter：每一年的最后申请时间是一样的，都是 1 月 15 日，只是星期几的不同。

问题：您刚才说学生必须要在学校录取前提早一年申请，但如果学生最后不能毕业或者还没有毕业，你会给他们发放录取通知吗？

Peter：大多数学生都是在最后毕业的那一年申请，我们发放的是“有条件录取”，但我要声明的是 LSE 不会接受一切的学业证明，我们只接受一些国际上被承认的证书。一般来讲，A-level 是一般英国学生和一些国家的学生都会参加的考试，还有 IB，而美国的学生可以参加 AP 考试。对于中国的高中生，LSE 不太可能直接接受学生只用高考成绩申请 LSE，学生只用高考成绩不会被 LSE 发放有条件录取，他们应该有 IB、AP 或者是 A-Level 成绩。如果学生有高考成绩并且准备参加这些考试或者已经通过这些考试，LSE 会发放有条件录取。在最后申请期后的 3、4 月我们会详细看他们的申请，如果他们在专业上非常强，我们非常乐意他们来这跟我们学习，如果你能取得 38 分以上的 IB 成绩，在 A-Level 考试中取得 3 个 A，LSE 会录取这些学生并且会留位置给他们。当然这些学生一定要完成他们的学业并且满足我们的要求。

问题：我想中国学生很难去参加 IB 和 A-Level 的考试，一般情况下会靠雅思和高考成绩申请，LSE 会不会接受这些成绩？

Peter：学生可以去考雅思和托福等考试，当然雅思更加普通，学生要至少取得7分的雅思成绩，四项的分数（听，说，读，写）也不能低于 7 分。我说的是本科阶段的学习。

问题：要让学生取得四项不低于 7 的分数可能很难，特别是对非英国母语国家的学生而言。有没有通融的可能？

Peter：要入读 LSE 还有一个途径就是：学生在完成自己的学业之后读一个大学衔接课程，可以在英国任何一所学校读。LSE 不提供任何的大学衔接课程或预科。但我们会录取在别的英国高校读完预科课程的学生。很多英国高校都开办一年制的基础课程，主要是为学生提供入学大学课程的衔接阶段，帮助他们提高专业英语水平，引导他们学习。我觉得基础不太好的同学可以先学习英国的基础阶段课程再入读 LSE，这样会更有效。

问题：我也觉得这个入读方法是很好。这会使学习预料课程的学生在申请时更有优势吗？

Peter：对于这些学习英国其他高校预科课程的学生，我们在审批时会看他们是否已经完成了，并且他们需要参加我们的入学考试，我们会选择非常优秀的学生。

问题：优秀未免太笼统了，请您给出您对“非常优秀”具体是怎样定义的呢？

Peter：LSE 是世界名校，我们选择的学生排名一般在前 5% 左右。

问题：前 5% 是指班里还是学校？

Peter：是在全国范围内排在前 5% 的学生。我们会欢迎这些学生入读。当我们审批他们的申请材料的时候会查看他们高中时候的成绩，我们还会看他们老师所写的推荐信，和学生自己所写的关于入读的动机和兴趣爱好。LSE 期望学生能努力学习并且能独立完成任务。学生不只要有成绩，更要对学科有浓厚的兴趣。

问题：中国学生一直都非常刻苦，但刻苦的学生不一定有机会入读世界名校，我想知道 LSE 会不会看重中国大学的排名？

Peter：对于研究生的课程，我想是的。在 LSE 就读的学生几乎都是毕业于排名前 30 的中国院校。我们在选择学校的时候会参考中国社科院的最新高校排名。我知道在媒体网上也有相关的信息。在那里有 100 所高校的排名，我们会重点看排名前 30 的高校。

问题：但这些排名是有随机性和变化性的，您是依据哪个排名进行选拔的？

Peter：我知道这些排名会变化，但这个不是我们选择的绝对依据。其他高校的学生也同样可以申请。如果是中国排名前 30 高校的学生，我们期待他们的学术成绩平均在 3.5 以上（80 分以上），我们也会仔细看其他高校学生的成绩单，成绩平均要在 3.6 以上，也就是 85 分左右。

问题：一些来自比较普通的高校的学生，想出国留学，问我有没有可能被名校录取，我说，会。所有的学校会公平地录取的。

Peter：当然公平，我们是非常严谨的，有非常清楚的入学要求，并且这些要求在网上早有公布，对于不同国家的要求也是不同的，但我们对每个学生都是公正的，只要他们有能力做他们的研究。

问题：但有时候做出决定时不得不放弃其他优秀的学生，我想知道，对于中国学生的录取有没有一定的份额？

Peter：对于任何国家我们都没有明确的录取份额。对于美国、欧洲国家是有较大比例的份额考虑，但不会是明确的数字。当中国学生和美国学生同时申请一个专业的时候，我们不会凭感觉选择。我们只会选择最优秀的学生。最关键的不是国籍，而是学生所选择的学校和适合的专业。

问题：非常好，接下来谈下研究生的申请，当学生申请 LSE 等英国名校的时候，一般来讲要具备几项要素：第一项是个人陈述，第二项是老师的推荐信，第三项是语言成绩，也就是 IB、IELTS、A-Level 等成绩，第四项是学术成绩。现在，我们来逐个分析下每项的“优秀”标准。首先请您说下如何写好个人陈述以及一份好的个人陈述的标准。

Peter：问得好，这是非常好的问题。最重要的是学生知道为什么要写个人陈述。一般人觉得个人陈述很神秘。很多学生不知道如何写。其实个人陈述并不需要什么技巧，需要的是直截了当的表述。我们想知道学生为什么想在 LSE 学习特定的专业，如果学生想学习管理，学生应该陈述为什么要学习管理并且想花三年时间或一年时间学习这个课程。他们应该用 75% 的篇幅直接回答这个问题：为什么要学习这个专业。他们应该说一下这个兴趣是什么时候发现的，如何发展起来的，讲一下在学校如何利用这个兴趣去学习的，他们在课外读过什么书和掌握了什么相关的技能，我希望学生能给出明确的答案。如果想申请历史专业，只是在陈述里面泛泛地说我爱历史，那没有什么意义。我们希望学生在申请这个专业的时候，已经做过相关方面的研究，有所见地。这是 75% 的内容，其他 25% 的内容，他们应该谈谈运动、音乐和其他社会活动。这些都是我们有兴趣去阅读的内容，我们基本上是以学术能力为主要审核内容。这与美国的院校不太一样，美国的院校非常重视学生在音乐和美术方面的技能，但 LSE 不同。

我们希望学生有很高的研究能力。

问题：刚才您谈到兴趣也是主要的内容之一，您是中国区招生的主管，您觉得什么样的兴趣是您最喜欢的？这些兴趣是关于个人生活的还是与申请专业相关的？

Peter：一般学生写的个人陈述都是关于自己的历史、个人的抱负等等。其实这些都不应该写在个人陈述中。个人陈述应该回答一些非常简单的问题，例如学生申请“会计与金融”这个专业，他们在个人陈述里只需要回答一个问题，即为什么你选择在 LSE 读这个专业。我们不需要了解学生的生活，他们可以提一点自己的职业规划，但我们不需要知道他们未来 4 年内要做什么和他的家庭情况。

05 专访帝国理工招生主任 Angela Lin

帝国理工大学招生主任指导个人文书写作

问题：我们都知道，英国教育界有一种“三足鼎立”的说法，认为文科最好的院校是牛津，理科最好的是剑桥，工科则非帝国理工大学（IC）莫属了。您能否简单介绍一下帝国理工大学的情况？

Angela：我们的优势专业分别有医学、工程学和研究生课程。我们非常欢迎广大学生们成为我们中的一员。2007 年是我们的百年校庆，女王也来到我们学校正式宣布帝国理工独立成校。我们以前隶属于伦敦大学但现在是独立院校，我们正在努力成为英国的顶尖名校。目前有大约 13 000 名学生就读于帝国理工，其中约有 8 000 名本科生和 5 000 名研究生。我们的师资队伍非常国际化、多元化。目前大约有 2% 的老师来自英国以外的国家。

问题：IC 对中国的招生是以重点大学的学生为主还是任何一所大学的学生都享受同样的条件，对于学生的专业成绩有着怎样的要求？

Angela：对于申请研究生学位的中国学生，我们希望学生是来自 211 或 985 工程的学校。我们的录取要求十分严格，所以学生必须要符合中等的录取要求。我们需要学生在专业上一直都有出色的表现。我们希望学生相关的分数以及证书能在个人陈述中有所体现。你知道，这确实可以从一定程度上保证学生做科研的能力。他是否具备了相当的学习能力、研究能力是否强到来 IC 后可以支撑他攻读更高一层的学业，这很重要。如果有切实的数据，比如分数，或是曾经取得的科研成果、各种形式的奖励，我是说，一些数据化的证明，最好这些在个人陈述中能有所体现，要知道这些能帮助我们尽快地认识学生，认识到你确实很优秀，从而从激烈的竞争中脱颖而出。当然还需要有推荐信，这是必不可少的因素之一。整个申请程序可能会比较复杂，因为我们要对学生进行全面考查而非仅仅关注某一方面。

问题：好。接下来，我们谈谈具体的申请流程，我们开始逐项地分析。首先，IC 对 GPA 有着什么样的要求？

Angela：要知道，不同的专业会有不同的要求。在 IC，据我所知，GPA 的最低要求是 3.5，最高需要达到 4.0。我们期待有 10% 至 20% 的优秀学生是来自中国排名前十或前二十的名校。

问题：可是有些学生，确实是 GPA3.0 也同样被 IC 录取了。

Angela：是吗？他叫什么名字？是哪个专业的？的确是会有这样的学生，但这一定是一个个别现象，而非普遍的现象。我相信这和该学生的录取专业有直接的关系，又或者该学生一定是在其他方面打动了我们，综合考虑之下，我们觉得他很优秀，适合到 IC 来继续深造。对于个别专业的一两个学生，稍微降低 GPA3.5 的最低要求到 3.0 也不是不可能。但我必须强调，那一定是极个别现象。

问题：谢谢您！不过 GPA3.5 的要求是不是太过强硬了，可是会把很多好学生挡在门外。

Angela：您说得对，但是我想说的是，IC 不是要选拔好学生，而是要选拔出“好学生中的好学生”。GPA 的确能在一定程度上说明学生是否具备领域方面的专业素质，是否具备了所必需的基本研究能力。

问题：那么，IC 对于学生的英语水平有着什么样的要求？

Angela：与其他的英国大学相比，我们对学生英语水平的要求其实并不太高。如果是雅思成绩，通常我们需要学生达到平均分 6.5 分。当然每个院系对英语水平的要求也会不同。学生的每项雅思成绩最低不得少于 5.0 分。针对研究生课程的学习，通常我们需要学生达到平均分 7.0 分。通过 GPA 分数和雅思分数设定的门槛高低，不难发现，我们更注重学生的科研能力、学术能力，而非英语能力。英语能力只要能满足基本的交流，不影响日常的上课、交流、科研学术等活动就可以了，不需要学生考出过高的分数。学生不需要在英语考试上浪费太多的时间，英语足够用就可以了。我们建议学生把更多的精力用来提高自己专业的研究能力，比如 GPA，我们喜欢高 GPA。

问题：嗯，听您这么说，这的确不是一个高不可攀的英语分数要求，对于像 IC 这样的大学，对语言成绩的要求的确不算高。那么，哪些专业要求 6.5 分的雅思成绩呢？能具体介绍一下吗？

Angela：像医学、工程学和理科这样的专业，雅思只需要达到 6.5 分就可以了。我们并不愿意仅仅因为他们的英语水平不太理想就将学生拒之门外。我们最看重的还是学生的在校专业成绩。诸如其他专业的具体要求，大家可以查阅我们的网站，都有详细的介绍。此外，我们还设置了一些英语培训课程来帮助学生提高语言水平，并且这些课程都是免费的。

问题：太好了！那么这些都是对所有的申请者开放吗？

Angela：只是对已经注册过的学生开放。我们希望对这些学生继续提供英语方面的帮助，以此使学生达到其专业的要求。IC 是一所国际化的大学，有来自不同国家的学生到这里来学习，这其中包括中国学生。即便是通过了雅思考试，也并不意味着就能完全适应纯英文的教学，所以学校特别开设了免费的英语培训课程，用来帮助同学们提高英语水平，以达到其专业所需的要求。我建议同学们积极地利用类似的学校资源，提高自己的英语水平。

问题：那对于那些在雅思成绩上只与你们的要求差了一点的申请者呢？是否考虑通融一下，有没有这个可能存在？

Angela：对于这些学生，我们也在每个专业中安排了英语提前培训课程，通常是 8 周为一个周期。

问题：请您解释一下，到底什么样的分数才是只与你们的要求差了一点？就过往的录取经验看，通融的最底线在哪里？

Angela：好的。比如像有些学生平均分是 6 分，这就只与我们的要求差了一点。

问题：像这样的学生也是有机会参加相关语言培训的，像前面提到的免费语言培训？

Angela：是的。所以，我们建议资质出众的学生，可以大胆向我们递送申请材料。不要因为自己的英语成绩不够优秀而望而却步，我前面已经强调过了，我们更看重的是学生在专业领域的研究能力，而非英语考试成绩。

问题：可以向我们介绍一下教授这些语言培训课程的师资吗？

Angela：我们专门配备了优秀的教师来教授这些课程，最大限度地提高学生的语言水平，不仅是英语水平也包括专业水平。你知道传统的英语老师仅仅善于英语的教学，但是在我们为学生准备的语言培训课程中，是由专业的老师针对你所学的专业制订相应专业的英语教学，有的放矢地提高学生的英语成绩，而且学生可以将所学知识灵活运用到日常的专业学习中。

问题：那么有多少学生参加过这些培训课程之后成功达到了你们的语言水平要求？

Angela：说到这个问题，目前，我非常荣幸地告诉你，绝大多数参加过这些培训课程的学生都成功达到了我们的语言水平要求。

问题：也就是说学生既可以选择参加雅思考试，即便是成绩暂时没有达到要求，也可以随后参加 IC 的提前语言培训来达到要求。那么，对于成功写好个人陈述，您有什么样的建议？

Angela：好的。不要为了不够高的雅思成绩犯愁，那不是我们最看重的。我们希望在个人陈述中有 70% 的部分是与申请的专业有关的，举个例子来说，学生应该说明为什么想选择并怎样学习这门专业。在这门专业里，什么最吸引他们，还有什么领域是他们想更多学习的。过往曾在专业中取得的成绩，我提到过，最好有数据能够证明。我们需要看到学生对于专业的热情。我们有许多优秀的学者、教授在钻研非常具体细致的领域，他们也希望有更多有潜质的年轻学生加入到这个队伍中来。所以，申请学生需要让我们印象深刻，并且成功说服我们来接纳你。

问题：多数的中国学生都比较内敛一点，在如何成功展现自我、推荐自我这方面，您对他们有什么样的建议？

Angela：我很乐意与大家分享一下我的个人感触。我刚来英国的时候，英语能力也不是特别高，仅仅能应付日常的交流。和现在能自如表达自己的想法还有一定的差距。在这方面，我最大的心得就是，来到英国，最重要的品质就是主动。在西方国家学习，你应该知道自己最大的亮点是什么并主动发挥自己的长处。确保让别人来关注你、肯定你。

所以我建议学生们在写自我陈述时，应该通过一些具体的事例，讲述自己如何一步步准备，通过具体的事例，可以让我们更了解你。一定要向我们证明自己有实力来学习这个专业。大家还应该在个人陈述中展现自己显而易见的优势，除了专业成绩，还应展现自己的领导能力、与人交际的能力等综合能力。仅仅说自己的兴趣，说自己想要来这里读书，说自己喜爱这门专业……仅仅这样，是不够的。

还应该通过个人陈述体现自己的优点、亮点。比如，你曾经是校足球队的队长，那么你应该说明，你是如何扮演好队长这一角色的，以此来体现自己的主动性、创造性。还有你是如何带领球队达成目标的。把这些具体的事例清晰地在个人陈述中展现出来。我们需要的学生，不仅要在专业学习上表现异常优秀，还应该具备一定的领导才能。

问题：接下来让我们来谈谈推荐信，关于推荐信，您对国内的学生有什么样的建议？在国内的留学界，经典的传说之一，就是"越是著名教授的推荐信，对学生的录取越为有利"。

Angela：我建议大家，找非常了解自己的老师来写推荐信。至于是不是非常著名的教授，这并不重要。只要老师了解这个学生的专业学习情况，能对这个学生作出相对客观的评价就可以了。

此外，如果申请者有几年的工作经历，那么这会对他们更有利，因为这些申请者不仅有着良好的专业表现，还很清楚自己到底想要什么，知道自己为什么在工作了几年之后仍想回学校充电。所以，我们需要学生不仅有优异的专业成绩，还应该有能力对学校、对社会作出实际贡献。如果申请者有几年的工作经历，那么还应该找到他们的经理来写推荐信。所以应该准备两封推荐信。对于没有工作经历的申请者，只需两封来自学校的推荐信。

问题：现在让我们来谈谈奖学金。许多中国学生可能承担不了他们的学费。这样的学生应该如何申请奖学金呢？

Angela：现在英镑贬值、人民币升值，这对中国学生来说是有利的。但是很遗憾，我们并没有针对本科生或是学期一年的研究生专业设置太多的奖学金。但还是建议大家可以在英国学习的时间久一点。因为在英国，念博士后课程的学生通常会得到丰厚的资金赞助，当然只有非常优秀的学生才会有这样的待遇。在这一点上，英国和美国就很不同。日前英国首相布朗也在我们学校作了讲话，他表示，尽管现在正面临全球金融危机，英国政府还不会考虑减少奖学金或基金的金额。

随着近年中国经济的迅猛发展，IC 迎来了越来越多的中国自费生。与过往的公派生相比，自费生的来源相对复杂，但能够被 IC 录取也足见这些人的优秀潜质。但是一个值得提到的现象是，不少人虽然通过了严苛的入学审查，但在学习期间被淘汰下来的情况也时有发生。

问题：到英国后，常听当地朋友说起，中国留学生身上有一股浮躁之气，您是如何理解这句话的，您认同这些人的说法吗？

Angela：现在中国学生的整体优势并不明显，IC 是一所国际性的大学，各国的优秀学生都云集到 IC 求学。相对地，学习压力很大，就像我上面提到的一样，即使通过了 IC 严苛的入学审查，也并不表示在整个学习过程中不会被淘汰。所以，学习压力还是相当大的。有些同学甚至从入校开始就到处打听毕业时怎样找工作，的确是显得有那么点浮躁。进入优秀的学校，学生和他的家庭都付出了很大代价，学习的目的应该是成为世界一流的人才，而不仅仅是混个饭碗。成为优秀的人才，需要很审慎地思考和脚踏实地地不懈努力。

06 专访伦敦大学学院招生主任 Juliet

伦敦大学学院招生主任详解录取要求

问题：请您先简单介绍一下伦敦大学学院的情况。

Juliet：伦敦大学学院（UCL）是一所多元化的学院。我们开设有丰富的课程，不仅包括所有传统课程，也包括社科人文类专业，如美术专业和考古专业等。同时我们拥有庞大的教学机构。目前我们有大约 23 000 名来自 140 多个国家的在读学生，所以这里的环境非常多元化。

问题：目前 UCL 有多少中国学生？

Juliet：约有 1 000 名中国学生在伦敦大学学院学习。

问题：UCL 对学生的录取份额是怎样安排的？

Juliet：我们没有任何具体数额这方面的规定，也就是您所说的份额。所有被录取的学生都是符合条件的，在校表现优秀。

问题：那么 UCL 对申请者又有哪些要求？

Juliet：无论是针对本科生还是研究生，我们对申请的要求都比较严格。尤其是在学生的在校表现方面，我们会非常重视，比如学生过往在学校的成绩就是比较有利的证明之一。此外，申请者还应该拥有较好的英语水平。

问题：那么我们来具体谈谈这些要求吧，首先，UCL 对于学生的雅思成绩有什么样的要求？

Juliet：雅思成绩至少应该在 6.5 分，不同专业对雅思成绩的要求会各有不同，有些需要 7.0 分，还有少数的专业要求雅思分数达到 7.5 分，有些专业对学生的英语水平有比较高的要求，比如法律专业就要求大量的论文写作，那么自然会要求比较高的雅思分数。这要依据不同专业的要求，一般来说，理工科的专业对雅思成绩的要求会相对放低。

问题：您刚才提到了 UCL 要求非常好的在校表现，那么对于申请研究生的学生，需要拥有怎样的在校表现？

Juliet：通常他们需要有与所申请专业相关的学士学位证书。我们不仅会看他们的总体成绩，同时也会看与申请专业相关的专业课成绩，这些都是比较具体的考查点。在中国的大学，大一学生的学科通常比较分散，但是在接下来的三年里，学科就会越来越有侧重点。通常我们需要学生的平均分在 80 分以上或者 GPA 不能低于 3.25。

问题：请问 UCL 是否会特别青睐来自中国前十名大学的学生？

Juliet：在 UCL 就读的大部分中国学生都是来自中国排名前十的大学。所以我们会看学生之前是就读于哪所大学以及在校期间取得的成绩。伦敦大学学院有着活跃的学术氛围，我们也希望能多吸收有着出色表现的学生，所以，不会仅仅局限于排名在前十名的大学。

问题：由于金融危机，许多大学被迫取消一些奖学金，UCL 也存在类似的情况吗？

Juliet：目前 UCL 还不存在这种情况。

问题：金融危机是否会对学校以及招生产生某些影响？

Juliet：我们也应该看到，金融危机也有积极的一面，由于英镑的贬值，对于申请 UCL 的学生们来说，很可能会比一两年前节省约 40% 的费用。

问题：UCL 是否为中国学生设立了相关的奖学金？

Juliet：是的。而且奖学金通常都是网上申请的，有些是对所有学生开放，有些是针对特定国家的学生。奖学金的标准很大程度上是基于学生的专业成绩的，所以有着高分数的学生很有机会争取到奖学金，而学生的经济背景并不在考虑范围之内。不过在美国的大学中，学生的经济背景是会被考虑到的。我们只关注学生是否有着最为出色的专业表现。也就是说，不论学生的家庭条件优劣，只要学生的自身成绩优异，都是有机会申请到 UCL 提供的奖学金的。

问题：UCL 是否与中国相关院校联合设立了一些奖学金？

Juliet：我们与中国奖学金委员会有联系，但是我们并没有与中国相关院校联合设立具体的奖学金。不过我们的奖学金都是公平化、透明化的。

问题：现在让我们来谈谈如何准备一份令人满意的个人陈述。

Juliet：通常我们需要通过个人陈述了解这个学生为什么想要选择这个专业，他们想从中学到什么以及如何学有所用。至于个人兴趣爱好、业余活动、个人发展规划等这些倒不是我们主要关注的。在这一点上，本科生和研究生又略有不同。对于本科生，个人陈述将会由 AMERSON 机构决定，学生需要说明所申请的专业，为什么会申请这个专业，学生的一些课外经历是否能证明他们可以学习这个专业以及如何学习这个专业。至于学生的兴趣爱好其实并不太重要。对于研究生，学生需要说明已经按照我们的要求学习了相关课程，这一点很重要。因为不像本科生，研究生的申请材料是直接向相关院系递交的。学生需要阐明自己为何选择这样的课程或学科，还应说明自己已经做了相关研究。在有些情况下，我们会给予学生一些申请方式方面的指导。有时我们需要学生在个人陈述中说明他们在伦敦大学学院具体想学习什么专业。我们期待的是学生的学术动力和热情。

问题：有些学生在校期间获得了许多奖项或荣誉，但这些与他们申请的专业并无多大联系。这种情况，会对成功申请有所帮助吗？

Juliet：这种情况并不会对成功申请有任何帮助。

问题：还有学生在申请时会换专业，你怎么看？

Juliet：我们并不鼓励学生换专业。因为在申请研究生时，我们需要知道这个学生此前是否做了与申请的专业相关的研究活动。申请的专业应与此前所学专业相一致或有所关联。当然我们也有转换专业的学科，比如计算机学就会接受此前不是计算机专业但有意愿学习的学生。但这种现象在我们的研究生课程中属于特例。如果学生的一些课外经历、活动与申请的专业相关的话，那么即使他们本科学的不是这个专业同样有机会。

问题：接下来我们来谈谈推荐信。有些学生会找非常有名望的教授或学校里的重要人物为他们写推荐信。这样做会有更多优势吗？

Juliet：并非如此。学生需要找了解他们的老师来写推荐信，这样老师可以对学生作出客观公平的评价。如果学生找非常有名望的教授或学校里的重要人物为他们写推荐信，而这些推荐者却不了解学生，其实这并不能帮助我们来评估这个学生是否有资格学习申请的专业。所以，为学生写推荐信的老师，不仅需要了解学生还应该了解学生申请的专业。

问题：如果有学生十分想进入 UCL 学习，却因满足不了学校的录取要求而未能如愿。针对这种情况，UCL 有相关的程序吗？

Juliet：很遗憾，我们并没有任何相关的程序来帮助这些学生提高以符合我们的要求。但值得注意的是，此前一直在中国接受教育的中国学生，是不太适合直接进入 UCL 学习的。不过我们有基础的英语课程，这是由 UCL 的语言中心开设的。一部分的基础英语课程是针对理科和工程学的，另一部分是针对文科和社科人文的。我们大概有一半的学生在开始专业学习之前选了基础课程。

问题：UCL 的语言中心设在学校里吗？

Juliet：是的，语言中心就设在 UCL 里，它不是独立存在的。

问题：针对研究生有相关的语言培训课程吗？

Juliet：我们有一门英语语言课程，这样学生就可以用英语做学术研究，我们也有一些预备的语言培训课程适合本科生。

问题：上过这些课程的学生一定能符合语言要求从而进行专业学习吗？

Juliet：学生需要参加相关的语言考试。

问题：这些语言课程是学生必须上的吗？

Juliet：不一定。如果学生已经满足了我们的语言要求，那么就不需要再选择语言培训课程了。学生可以重考，以达到要求的语言水平。学生需要在报考 UCL 前就通过相关的英语水平考试。非英国的学生可能要再提前一点参加相关的英语水平考试，因为他们还需要时间办理签证等事宜。所以学生必须要在申请之前就符合所有的要求。当然即使学生这次失败了，他们还有下一次争取的机会。

问题：在来自中国的申请者面前，最大的障碍是什么？

Juliet：我认为他们只需在文化上适当做一些调整，以适应英国的环境。毕竟两个国家的生活是非常不同的。对于刚刚到达英国的中国学生来说，会有一些文化障碍，学习运用一门新的语言也会非常累人，但一切的努力都是值得的。他们只需主动接触新环境、新同学、多多练习英语，千万不要害羞，英语水平怎样并不重要，重要的是树立自信心，主动与来自各国、有着各种文化背景的人们交流。